거룩한 바보들의 꿈

거룩한 바보들의 꿈

지은이 이찬용
펴낸이 김명식
펴낸곳 (주)넥서스

초판 1쇄 인쇄 2015년 4월 20일
초판 1쇄 발행 2015년 4월 25일

출판신고 1992년 4월 3일 제311-2002-2호
121-893 서울시 마포구 양화로 8길 24
Tel (02)330-5500 Fax (02)330-5555
ISBN 979-11-5752-338-2 03230

www.nexusbook.com
넥서스CROSS는 (주)넥서스의 기독 브랜드입니다.

거룩한 바보들의 꿈

성만교회 이야기

이찬용 지음

넥서스CROSS

진정한 힘

오래된 일이지만 아직도 생생하게 기억합니다. 이찬용 목사님과 처음 만난 날, 나는 목사님을 그 옆에 있던 사람으로 착각했습니다. 키가 크고 얼굴도 말끔해서 으레 목사님이라 생각했던 것입니다. 정작 목사님은 딴 분이었습니다. 목사님이 수더분한 아저씨 같아서 내심 당황했습니다. 그런데 나중에 그 인상이 목사님을 이해하는 중요한 단서임을 알게 되었습니다. 친근한 이웃 같은 목사님, 누구에게나 편안한 목사님이라는 이미지가 있었습니다. 내가 성만교회의 설계자로 정해졌을 때, 목사님은 단 한마디만 하셨습니다.

"승 선생을 위해 기도하겠습니다."

이 말은 설계하는 내내 귓가에 맴돌아 나를 몰두하게 만들었습니다. 또 작업하다가 난관이 생길 때마다 얼마나 격려와 위로가 되었는지 모릅니다. 단순하고 평범한 말이었지만 그 속에는 진정한 힘이 있었던 것입니다. 여기에 실린 글이 다 그러한 것을 알고 기억을 떠올렸습니다. 우리의 일상에 있는 사소한 일이지만, 목사님의 눈길을 통하여 나오면 글의 자간마다 평화와 은혜가 채워집니다. 그리고 책장을 넘길 때마다 우리의 마음을 변화시키니 이는 실로 기적입니다. 무엇보다 세상에 매여 허둥대는 나 같은 자를 깊이 타이릅니다. 행복은 그리 멀리 있는 게 아니라고…….

그걸 말씀으로, 실천으로 그리고 생김(?)으로도 보여 주시는 목사님 자체가 축복이 아닐런지요.

건축가 **승효상**

행복 바이러스

현대인은 그 어느 때보다 이야기에 목말라 합니다. 곳곳에 스토리텔링 프로그램과 콘텐츠가 급상승하는 것을 보면 알 수 있습니다. 사람들은 이야기 속에서 함께 울고 웃으며 용기를 얻습니다. 이런 면에서 교회도 예외가 될 수 없습니다. 교회는 이야기 공동체입니다. 교회가 이야기를 통하여 정체성을 확인하고 있다는 점에선 세상과 별반 다르지 않습니다. 그러나 교회 공동체 이야기는 그 분의 이야기(His story)에 기초하고 있다는 점에서 세상과 뚜렷한 차이가 있습니다. 그 분의 이야기를 중심으로 하여 나와 너의 이야기를 공유하는 공동체가 교회인 것입니다.

이찬용 목사님은 《거룩한 바보들의 꿈》에서 교회 이야기를 진솔하고 담백한 언어로 쓰고 있습니다. 특이한 소재나 미사여구는 없지만, 소박한 이야기가 주는 깊은 여운이 읽는 이의 마음을 행복하게 만듭니다.

내가 만난 이찬용 목사님은 하나님 나라의 거목입니다. 지성과 실력, 인격 그리고 영성을 두루 갖춘 목회자입니다. 주님을 향한 사랑이 남다르고, 사람의 가치를 소중히 여기는 분입니다. 더욱 귀한 것은 녹록지 않은 목회 사역을 즐겁고 행복하게 한다는 것입니다. 그리고 그 행복 바이러스를 우리에게 유감없이 전달하고 있습니다.

거룩한 행복 바이러스에 전염되기를 원하는 분들에게 이 책을 추천합니다. 보랏빛 향기에 취하게 될 것입니다.

백석대학교 실천신학 대학원 원장 이우제

이찬용 목사의 글을 읽으면 사람 사는 냄새가 솔솔 난다. 참 좋은 사람 이찬용 목사와 그를 신뢰하는 성만 가족들의 울고 웃는 소리가 들리는 것 같다. 갑자기 이런 생각이 든다. "이런 교회 다니는 사람들은 참 좋겠다!" _원천교회 목사 문강원

참 재미있는 이찬용 목사. 그는 한 번 보고 두 번 보고 자꾸만 보고 싶은 사람이다. 그의 이야기가 담긴 책이 어떨지 큰 기대가 된다. 많은 사람들이 이 책을 보면 이찬용 목사의 진솔한 모습에 반하게 될 것이다. _신현교회 목사 김요한

아버지의 자상함과 어머니의 돌봄이 있는 이찬용 목사를 보면서 마음이 뭉클해진다. 그의 진솔한 고백과 만남의 복이 참으로 부럽다. _기쁨의교회 목사 노완우

성도들을 향한 이찬용 목사의 사랑이 찡한 감동으로 다가온다. 나도 그 속에서 거룩한 바보가 되어 함께 걷고 싶다. _성지교회 목사 양인순

작은 것에 감사하고, 섬김으로 행복한 이찬용 목사의 모습이 이 책에 고스란히 들어 있다. _성은숲속교회 목사 오성재

기계적이고 논리적으로 사는 이 시대에 가슴 뭉클한 감동을 주는 책이다. 건강한 삶, 건강한 교회의 숨결이 느껴진다. 이 책을 읽는 독자들도 가슴이 뜨거워질 것이다. _성광교회 목사 유관재

하나님의 복된 이야기로 가득한 성만 성도들의 모습에서 참된 행복을 얻길 소망한다. _브니엘교회 목사 유병용

사람 냄새가 나는 책, 바보 같이 사는 사람들의 이야기를 보면 예수님이 떠오른다. _ **안중교회 목사 윤문기**

이 세상에서 가장 독특한 색을 만드는 화가가 있다면 우리는 그를 위대하다고 말할 것이다. 이찬용 목사는 가장 아름답고 독특한 색을 만들어 하나님을 기쁘게 하는 목회 예술가다. 그래서 이 책은 아주 특별하다. 눈물, 감동, 사랑, 기쁨, 행복⋯⋯. 이 모든 것을 모아 최고의 색을 만들었기 때문이다. _ **성안교회 목사 장학봉**

옛사람들은 서체를 보면 그 사람의 인격을 알 수 있다고 말했다. 서체 속에 담긴 영혼을 파악하기 때문일 것이다. 여기 한 목회자의 웃음과 눈물이 담긴 이야기가 있다. 꾸밈없는 삶의 모습이다. 이것을 보며 부러움과 축하하는 마음이 동시에 생긴다. _ **강북제일교회 목사 황형택**

'거룩한 바보'는 오랫동안 교제하며 지켜본 이찬용 목사의 모습을 가장 잘 표현한 말이라 보는 순간 전율이 느껴졌다. 그는 자신을 포장할 줄 모르는 투박한 사람이다. 그러나 매일의 삶이 눈물과 열정, 그리스도의 마음으로 가득한 사람이다. 이 책을 통해 하나님을 뜨겁게 사랑하는 그의 모습을 통해 많은 사람들이 위로와 감동을 얻기 바란다. _ **광주평화교회 목사 이동현**

인생을 알고 목회를 알고 신앙을 알 수 있는 책이다. 성만 바보들의 꿈이 꼭 이루어지기를. _ **동탄시온교회 목사 하근수**

성도를 뜨겁게 사랑하며 모든 열정을 다해 목회하는 이찬용 목사의 책은 목회에 비전이 있는 사람에게 필독서가 될 것이다. _ **광진명성교회 목사 백대현**

행복한 목회자의 고백

"하나님께서는 너무나 은혜로우시고 한없이 너그러우셨습니다. 그래서 오늘의 내가 있게 된 것입니다. 나는 그분의 은혜를 헛되게 하지 않을 것입니다"(고전 15:10 유진 피터슨 메시지 신약)

바울은 주님의 은혜에 감사해 누구보다 많은 일을 하려고 애썼다. 그럼에도 불구하고 그 많은 일은 그리 대단한 게 아니라고 고백한다. 하나님께서 자신에게 할 일을 주시고 감당할 힘도 주셨기 때문에 모든 게 가능했다고 말한다. 주님을 위하여 열심히 일했고, 감옥에 투옥되었고, 매도 셀 수 없을 만큼 맞았고, 죽음의 고비도 여러 차례 넘긴 바울이 이런 고백을 할 때 우리야 말해 뭐하겠는가.

"부족한 죄인을 지금까지 인도하신 주님께 감사한다."

뭐 이런 말로 인사를 시작해야 하는 것 같았다. 하지만 상투적인 인사는 내게 어울리지 않고, 당연한 말을 또 하는 것 같아서 포기하고 나니 마음이 편하다.

20대 초반 누구나 방황하는 청춘일 때 나는 태어나서 처음으로 금요 기도모임에 참석했다. 목사님의 설교가 끝나고 기도모임을 시작할 무렵, 눈을 감고 기도하려는 바로 그때 내 눈에 TV 화면처럼 환상이 보였다. 내가 초등학교 때 어느 교과서든 첫 장은 경부 고속 도로가 인쇄되어 있었는데 그곳을 내가 운전하고 있고 곁에는 여자인지 천사인지 알 수 없는 사람들이 있었다. 조수석에 한 명 뒤에 두 명이 타고 있었다. 잠시 뒤엔 어느 교회 예배당이 뒤에서부터 중간까지 보였는데, 뒤에는 사람이 너무 많이 서 있었다. 그런데 앞에서 설교하는 사람이 바로 나였다. 설교하는 사람이 눈에 보이지는 않았지만 그게 나라는 사실은 분명하게 느꼈다.

나는 이런 것이 환상인지도 몰랐다. 그저 막연하게 기도하고 싶어서 참석한 기도모임에서 이런 경험을 하게 되었다. 그 후 몇 달쯤 지나 주님을 뜨겁게 만나는 체험을 하게 되었다. 주님을 만난 뒤 시간이 지날수록 내 마음에선 "이제 신학을 해야지?" 하는 물음이 들려왔다. 하지만 당시 사업 실패로 쓰러진 아버지를 간호하며, 어린 동생들을 공부시켜야 했던 내게는 불가능한 것이었다. 얼마 뒤, 너무도 무모하고 책임감 없는 행동으로 비칠 수밖에 없는 결정이었지만, 마음속에 들려오는 음성을 도저히 거역하지 못하고 신학을 시작했다. 그렇게 내 계획과 생각보다 훨씬 더 크신 하나님의 인도함으로 지금 이 자리까지 오게 되었다.

프롤로그에 왜 주관적인 체험을 쓰는가 이상하게 생각하는 이들도 있을 것이고, 이런 글이 신학적으로 논쟁거리가 될 수 있음도 안다. 그럼에도 불구하고 내가 이렇게 시작하는 것은 지금 이 시대가 주님을 섬긴다고 하면서 너무 상식과 논리로만 가득하기 때문이다. 또 그런 상식을 벗어난 것은 흡사 예수 무당과 같은 모습으로 보기 때문이다.

주님을 섬긴다고 생각하면서 직분도 있지만, 정작 주님을 제대로 만난 경험이 없기에 늘 자신의 생각 속에 주님을 넣어버린다. 믿는다고 말하면서도 그 믿음 때문에 교회를 힘들게 하는 사람, 신앙은 체험이라고 말하며 그저 평범하게 살아가는 사람, 자신의 체험만 대단한 것처럼 착각하는 사람들 때문에 주님이 세상에서 얼마나 싸구려로 인식되는지 모른다. 그러나 그것조차 생각하지 못하는 사람들이 가득한 상황에서 교회는 서 있다.

사실 주님을 믿노라 하면서도 늘 자신과 싸워야 하는 우리는 하나님께 반기 하고, 다른 사람에게 사기 하며 살기 쉽다. 그러기에 자기 자신과 믿음의 선한 싸움을 싸워야 한다. 목사의 직업병(?)이 이곳까지 나오는 걸 보면 나도 현시대의 목사인가 보다.

1993년 5월, 30대 초반에 개척해 이제 22년이 지나고 있다. 개척 초기부터 목회수첩이라는 이름을 빌려 주변에서 일어난 크고 작은 일을 기록하곤 했는데, 20년 동안 모으니 분량이 꽤 되었다.

넥서스 출판사에서 용기를 주어 《거룩한 바보들의 꿈》이라는 이름으로 출판하게 되었다. 뒤돌아보니 그 어느 것 하나 주님의 은혜가 아닌 게 없다.

"사실 우리에게 베푸신 은혜를 다른 누군가에게 베푸셨다면 그는 우리보다 몇 배 더 주님의 영광을 위하여 살지 않았을까?"

나에게 목회란? 주님께서 내게 주신 가장 사랑스러운 공동체이자, 놀이터이다. 이것은 시간이 지날수록 더 간절하게 고백하게 된다. 우리에게는 있을 수 없는 일이지만 나는 죽었다가 다시 태어나도 목회자가 되고 싶고, 그 교회가 성만교회였으면 좋겠다. 그만큼 목회는 재밌고, 주님께서 내게 허락하신 성만교회 공동체가 좋아서다.

목회자라는 이름으로 개척 교회를 하는 동안 한쪽에 남편과 아버지를 내놓고 살아야 했던 사랑하는 아내 배현주와 지혜, 예현 두 아이에게 고맙다는 말을 전하고 싶다. 그리고 성만교회의 든든한 동역자이자 지체인 성도들에게 사랑하는 마음을 전하고 싶다.

"나의 사랑, 나의 전부이신 주님께 온 마음을 다해 감사합니다!"

이 고백을 하는 이 순간 툭 터진 눈물 때문에 더 이상 글을 쓰기가 어렵다. 이것이 나의 노래이자 나의 간증이다. 이 책 곳곳에서 주님 때문에 행복한 목회자, 주님 때문에 행복한 성도, 주님 때문에 아름다운 공동체를 만나게 되길 기도한다.

지금도 어설픈 몸짓으로 목회하는
성만교회 이찬용 목사

차 례

이야기
하나

믿음으로 산다는 것

선한 싸움

이야기
셋

성만의 발자취

삶이 예배다

1

거룩한
바보들의 꿈

성만교회 이야기

이야기 하나

믿음으로
산다는 것

성만교회 서울역 플래시모브
2012년 12월

제 사명은
교사입니다!

　　주님을 처음 만난 뒤, 나는 감사한 마음
으로 주일학교 아동부 교사에 지원했다. 새해에는 제법 아이
들이 있었는데 시간이 흐르자 맡겨 준 아이들이 어디로 다 가
버렸다. 잘하겠다고 시작했는데 아이들은 다 떠나고 홀로 예
배에 참석하는 심정이란……. 경험해 보지 않은 사람은 모를
것이다.

　　오만 가지 생각이 스치고, 사람들이 나를 어떻게 생각할까
창피하기도 하고, 스스로 무능력에 낙담하기도 하고, 열심히
하려는 내 마음을 몰라주는 아이들이 야속했다.

이대로는 안 될 것 같아서 밤 9시가 되면 교회 강대상 밑에 스티로폼을 깔고 기도하기 시작했다. 그러던 어느 날 저녁, 기도하면서 어린 시절 상처가 나를 강하게 짓누르고 있음을 깨닫게 되었다.

초등학교 저학년 때 나는 처음으로 여자 아이의 생일 파티에 초대받았다. 도시 아이들은 게임과 노래를 얼마나 잘하던지……. 생일상을 물린 뒤 시작된 게임에서 나는 계속 졌고, 노래하라고 재촉하는 친구들의 성화에 못 이겨 그날 배운 〈스승의 은혜〉를 불렀다. 촌놈이 아는 노래라곤 그것밖에 없었다. 노래가 끝난 뒤 친구들은 일제히 "야, 가자!"라고 말했다. 그 순간 흥을 깬 아이로 낙인찍힌 것이다.

중학교 때는 우연찮게 회장이 되었다. 회의 시간, 선생님은 내게 "의견이 있는 분은 손들고 말씀하세요!"라고 말하라고 가르쳐 주었다. 그런데 나는 끝내 이 말을 못해서 3개월도 못 버티고 다른 아이에게 회장을 넘겨주어야만 했다.

주님을 만난 뒤, 나는 정말 가슴 깊은 곳에서 주님의 일을 하고 싶다는 마음이 들었다. 정말 좋은 나의 주님을 전하고 싶고, 교회에서 하는 일이라면 무엇이든지 잘하고 싶었다. 그런데 부푼 마음으로 시작한 교사는 참패로 끝나고 말았다. 그러나 더 큰 문제는 기도할 때마다 어린 시절 일들이 내 마음을 잡아당기는 것이었다.

"그럼 그렇지. 나는 사람들 앞에 서는 재주가 없어."
"조용히 교회만 다녀도 되는데 무슨 일을 하겠다고 사람들 앞에 나서?"
"사람을 통솔하는 재주도 없으면서 네가 무슨 교사니?"

수없이 많은 생각이 내 머리를 스쳐 지나갔고, 저녁 9시면 교회 강단 앞에 엎드려 그 생각과 싸웠다.

"주님! 잘하고 싶습니다. 정말! 잘하고 싶습니다!"

이렇게 기도하기를 두 달쯤 될 무렵, 신기하게도 새로운 아이들이 눈에 들어왔다. 뭔지 모를 자신감에 아이들에게 다가가자 아이들도 "선생님, 선생님이 좋아요!" 하며 조금씩 나를 따르기 시작했다. 그렇게 많은 시간이 지나 내가 가르쳤던 아이들 중 3명이 목회자가 되었고, 다른 아이들도 각지에서 주님을 섬기고 있다는 좋은 소식을 듣게 되었다.

우리 교회에서 어린 영혼들을 위해 애쓰는 교사들을 보면, 청년 시절 교사로 섬기던 내 모습이 떠오른다. 비록 지금은 아이들이 철없어 보이고, 맛있는 거 사달라고 조르기나 하고, 조금만 기분이 나쁘면 토라지지만 훗날 멋지게 자랄 아이들의 모습을 생각하면 큰 기대감이 생긴다.

그리고 아이들의 머릿속에 남아 있는 내 모습이 어떨까 떠올려 보면 지금 이 시간이 무척 값지다는 걸 느끼게 된다. 아이들이 자랐을 때 "나를 가르쳤던 성만교회 선생님이야말로 진정한 스승이었습니다" 하는 고백을 듣는다면 얼마나 행복할까. 귀중한 교사의 자리에서 주님과 동역하는 이들을 사랑하고 축복한다. 성만교회 교사들의 입술에서 항상 이러한 고백이 나오기를 소망한다.

"제 사명은 교사입니다!"

봄의 향기

어린 시절 아버지가 많이 아프셨던 때가 있었다. 한겨울 재래식 변소에서 똥을 누면 그 똥이 얼어붙어 칼날처럼 뾰족하게 위로 올라온다. 나는 크게 마음 먹고 아버지 대신 변소를 깨끗하게 치웠다. 똥 푸는 아저씨들이 우리 동네에 오기 전까지, 그날 이후 대변을 똥통에 담아 양쪽 어깨에 메고 언덕이 있는 산에 가서 버리는 것이 내 일이 되었다.

초보 시절엔 똥이 옷에 튀기도 했지만, 몇 번 하고 나니 자연스럽게 요령을 터득했다. 통에 대변을 가득 담지 말고 8할쯤 담으면 튀지도 않고, 메고 가는 길이 덜 힘들었다. 똥 푼 다음에 목욕하는 게 늘 문제였지만 말이다.

요즘 우리들의 삶을 보면 정말 여유가 없다. 빨리 올라가는 엘리베이터 안에서 버튼을 누르고, 에스컬레이터도 걸어서 올라가곤 한다. 전쟁터 같은 세상에서 악착같이 사는 게 우리도 모르는 사이에 몸에 밴 것 같다.

그런 우리의 모습을 볼 때면 어린 시절 똥을 푸던 때가 생각난다. 사실 여유라는 건 가득 담아진 그릇엔 생길 수 없다. 목까지 물을 가득 채운 컵을 들고 가는 사람이 무슨 여유가 있겠는가! 그저 쏟을까 불안할 뿐이다.

한번은 구역장들과 설악산으로 MT를 다녀왔다. 때마침 함박눈이 퍼부어서 눈꽃 구경도 실컷 하고, 내친김에 설악산 비선대까지 갔다 왔다. 정말 좋아하는 남자들의 모습을 보면서 그동안 헉헉대며 사느라 삶의 여유를 갖지 못했다는 생각이 들었다.

봄이 저만치 왔는데도, 그 봄의 향기를 누릴 여유조차 잃어버리고 살았던 것이다. 잠깐이라도 시간을 내서 들판으로 나가 계절이 바뀌는 것을 느껴 보면 좋겠다. 정 시간이 없다면 교회 뒤에 있는 산이라도 잠깐 다녀오면 어떨까.

들판엔 생명이 땅을 뚫고 나오기 시작한다. 추운 겨울을 씩씩하게 이겨 내고, "나 살아 있다고요" 하면서 말이다.

"아!" 하고 생명에 대한 감탄을 했던 적이 언제였을까?

바로 내 앞에 생명이 씩씩하게 살아가고 있는데, 나는 오늘도 삶을 초라하게 만들고 있지는 않은가? 바쁠수록 삶의 여유를 찾아 즐길 줄 아는 우리가 되길 소망해 본다.

상근이

"너 이름이 뭐였지?"

지난 주일 예배가 끝난 뒤, 한 남자가 다가와 내게 인사했다. 얼굴은 기억이 났지만 이름이 떠오르지 않아 물었다. 그러자 녀석은 의외라는 듯 답했다.

"아! 목사님. 상근이요, 안상근."

상근이는 내가 처음으로 전도사 사역할 때 학생이었던 녀석이었다. 세월은 우리를 28년 전으로 데려갔다. 전도사 생활을 처음 시작할 때 중고등부를 맡았다. 하도 부교역자가 많이 바뀌어서 아이들은 전도사가 새로 와도 별 기대가 없었다. 나는 마음이 펄펄 끓고 있는데 말이다.

전도사를 담당한 지 몇 달이 지나 여름 수련회에 갔을 때 주님은 우리 가운데 임하셨다. 아이들은 기도하다가 환상을 보고, 방언을 하고, 회개 기도가 터져 나왔다. 그날 이후로 아이들은 전적으로 나의 편이 되어 주었다. 아이들과 참 많이도 놀았다. 그렇게 열심히 놀던 아이들 중에 한 명이 상근이었다. 언제나 짓궂게 놀아서 내게 참 많이도 맞았는데, 어느새 중년의 모습으로 아내를 떡하니 대동하고 내 앞에 나타난 것이다.

"이제 몇 살 됐니?"

"42살이요."

이제는 어엿한 가장이자 자기 사업을 꾸리는 사장이 된 상근이를 보니 추억이 새록새록 떠올랐다.

눈이 아주 많이 오던 날, 녀석들이 내가 아내와 사귄다는 것을 알게 된 지 얼마 지나지 않아서였다. 15인승 봉고에 아이들을 가득 태워 마석으로 가는 중에 너무 눈이 많이 내려 도저히 운전할 수 없는 형편이 되었다. 차 안에만 있기엔 무료했던 우리는 차를 길옆에 세우고 눈싸움을 시작했다.

나와 싸움이 안 되는 녀석들은 아내를 공격했고, 나는 아내를 지키기 위해 발버둥쳤다. 한참을 그렇게 놀고 돌아오는 길에 상근이와 몇 명의 아이들이 잠깐 차에서 내렸다. 그때 나는 그냥 차를 출발했다. 눈이 가득 쌓인 길을 천천히 운전했고, 녀석들은 헉헉거리며 나를 쫓아왔다. 녀석들이 차에 거의 왔다 싶으면 또다시 속력을 냈다. 헉헉거리면서 뛰어오던 아이들이 잘못했다고 빌었던 것 같다. 한참을 그렇게 씨름하다 길가 어느 식당에서 함께 식사하고 교회로 돌아왔던 그날이 아직도 내 기억에는 생생하다.

내 기억이 이렇게 생생할 정도이니, 녀석들의 기억에서도 죽기 전까지는 사라지지 않을 것이다. 상근이를 만나자마자 그 눈 오는 길에서 차를 쫓아오는 모습이 연상되었다.

그러고 보니 지금까지, 나는 이렇게 성도들을 골려 먹으면서 목회한 것 같다. 이러다가 언젠가는 주님을 만나게 될 것이다.

그날까지 계속 이 길을 걷게 되길 소망하며 이 글을 쓰는데 갑자기 울컥하는 마음이 드는 건 왜일까?

참 좋은 목회자로 성도들 옆에서 함께할 수 있기를 주님께 조용히 기도드린다.

아내의 얼굴

　　한번은 심방 간 집에서 성도들과 이야기를 나누는데, 불쑥 한 집사가 남편에 대해 말을 꺼냈다. 그러자 여기저기서 여 집사들이 자신의 남편에 대해 말하기 시작했다. 그중 한 집사는 남편이 자신에게 해주는 일들을 나열하며 자랑(?)하기도 했다.

"저희 남편은 저녁에 자다 물이 먹고 싶다고 하면 즉시 일어나서 물을 떠다 줘요. 쉬는 날엔 청소기로 온 집안 청소도 다 해주고요. 저녁 늦게 뭐가 먹고 싶다고 말하면 바로 나가서 사와요. 잠자리에서 피곤하다고 하면 바로 일어나서 발마사지 까지 해준다니까요."

그 말을 듣는데 목사인 나도 마음이 유쾌하지만은 않았다. 왜냐하면 그 자리에 내 아내도 있었기 때문이다.

나는 아내가 자다가 "아! 목말라!" 하면 자기가 알아서 떠먹 겠지, 하는 마음으로 모른 척했다. 아내가 며칠 동안 아프면 "아 내가 얼마나 힘들까?" 하고 생각하기보다는 내가 불편해지는 게 싫었다. 그런데 여 집사의 남편은 삶 자체가 섬김이었다.

교회에 와서 다른 집사들과 식사하다가 몇몇 분이 낮에 있었 던 일을 이야기했다. 그런데 뜬금없이 같이 식사하던 한 집사 가 대뜸 "누가 제 얘길 하던가요?" 하고 물었다.

"무슨 말이에요?" 하고 내가 묻자, 자신도 아내에게 그렇게 해준다는 것이었다.

"제 아내는 찬물을 싫어해서 잠들기 전에 꼭 따뜻한 물을 머 리맡에 갖다 줍니다. 그리고 밤마다 발마사지는 기본이고요. 요즘은 아내가 다이어트해서 저녁에 닭 가슴살에 허브를 뿌려 주고 있어요."

나는 아내인 여 집사에게 진심을 담아 물었다.

"정말 행복하세요?"

"저희도 다른 부부처럼 똑같이 살아요. 목사님! 하하."

이번 주에 목회세미나에 갔는데 그곳에는 부부 목회자들도 여러 명 참석했다. 그분들과 대화하는데 유독 그들의 사모님 얼굴이 눈에 들어왔다. 그러면서 "사모의 얼굴은 목회자가 책임져야 되는구나!" 하는 생각이 들었다. 수심이 가득한 얼굴, 기미가 잔뜩 낀 얼굴, 하얗고 맑은 얼굴······.

다양한 얼굴을 보며 남편의 모습이 떠올랐기 때문이다. 이런 날에는 왠지 집에 들어가 내 아내의 얼굴을 한번 들여다봐야겠다는 생각이 들었다. 지금 아내의 얼굴이 우리의 모든 상황을 말해 주고 있을지도 모른다.

아버지의
자리

초등학교에 다닐 때였다. 비가 정말 많이 내리던 날, 우리 형제는 아버지와 함께 미꾸라지를 잡으러 갔다. 가난하던 시절 영양 보충할 음식으로는 웅덩이에서 잡히는 붕어, 미꾸라지가 전부였다. 미꾸라지는 우리의 식탁을 조금은 기름지게 해주었다.

지금 생각하면 아버지는 물고기 잡는 데 별 소질이 없었던 것 같다. 물고기를 잡는 데 프로였다면 어디쯤에 어떤 종류의 고기가 많고, 어느 때에 잘 잡히는 지 기본 지식을 알고 있었을 것이다. 그런데 아버지는 그런 지식이 없이 논을 걷다가 물이 보이면 그냥 그물질을 하는 수준이었다. 대부분이 허탕이고, 혹 운이 좋으면 몇 마리가 걸리기도 했다.

그날은 비가 무척이나 많이 왔다. 더군다나 비가 갑작스레 내려서 우산이 없던 우리는 터덜터덜 비 맞으며 집으로 향했다.

지친 모습으로 돌아오던 우리는 어느 논두렁에 물이 넘치는 것을 보고 아무 생각 없이 반두라고 하는 그물을 집어넣고 풀속을 발로 휘저었다. 그 순간 하늘이 우리를 도우셨다. 미꾸라지가 무진장 잡힌 것이다. 전혀 예상하지 못한 횡재였다.

다른 사람들이 "양동이의 반을 잡았네, 뱀장어를 잡았네" 하는 무용담을 듣기만 했지, 우리 가족에게 이런 날이 올 줄은 꿈에도 생각하지 못했다. 말 그대로 하늘이 허락한 날이었다.

아버지는 그날 의기양양한 개선장군이 되어 큰 소리로 어머니를 부르셨다. 그리곤 이웃들에게 전리품(?)을 나눠 주셨다. 아버지는 친히 가족을 위해 살아 있는 미꾸라지에 굵은 소금을 치곤, 호박잎으로 미꾸라지를 씻으며 스스로 대견해하셨다.

그날 저녁 어머니는 미꾸라지를 통째로 집어넣은 추어탕을 끓이셨다. 나는 부담스럽게 큰 미꾸라지를 한입에 넣고 오물거리며 뼈까지 꼭꼭 씹어 먹었다. 아버지는 아주 흡족한 모습으로 우리 6남매가 식사하는 모습을 보고 계셨다.

거룩한 바보들의 꿈

나중에도 비가 오면 서너 번 이상 그 고랑을 찾아갔지만 그 날처럼 미꾸라지를 많이 잡진 못했다. 아버지 역시 그날 이후 로는 식구들이 겨우 먹을 만큼의 붕어와 미꾸라지를 잡아오시 는 정도였다. 하지만 그날 식구들에게 뭔가를 마음껏 먹여 준 '가장 자랑스러운 아버지의 모습'이 아직까지 내 머릿속에서 지워지지 않고 남아 있다.

이제 내가 그 아버지의 자리에 있다. 내 아이가 아들이면 미 꾸라지를 한 번 잡으러 가자고 할 텐데, 조그만 벌레 하나에도 소리를 지르는 딸들이라 아버지가 했던 그물질은 못할 것 같 다. 아니 가족끼리 맛있는 식사라도 한 번 할라치면 아이들과 제대로 시간을 맞추기도 어렵게 되었다. 아버지가 미꾸라지 를 잡고 스스로를 자랑스러워하셨던 그 마음을 나도 언젠가는 경험하고 싶다. 간혹 아내가 아이들을 교육하다가 내게 "애들 한테 야단 좀 치세요!"라고 하면 괜히 기가 죽는다. 왠지 아이 들에게 뭔가 제대로 못해 준 애비 같아서 마음이 작아지는 것 이다. 그렇지만 아직은 희망을 버리지 않으려 한다. 내 아버지 가 스스로 뿌듯해하던 그 모습이 내 머릿속에서 지워지지 않는 한, 나도 언젠가 주님이 기회를 주시면 한 번쯤은 그런 모습을 가진 아버지가 될 수 있을 거라 믿는다.

세월의
흔적

　　강원도 둔내에 있는 원천 수양관에서 목
회자들이 모였다. 저녁 식사 시간이 되자 문강원 목사의 아버
지이자, 원천교회 은퇴 목사인 문영철 목사님께서 고기를 구우
면서 말하셨다.

"오늘은 내가 머슴이에요!"

　　여든 살이 다 되셨는데, 아직도 강건한 목회자의 모습이 그
렇게 좋아 보일 수가 없었다. 가장 좋은 고기로 직접 사와서 젊

은 목회자들에게 대접하고 싶다고 하시며 야외 바비큐 파티를 해주셨다. 이렇게 아름답게 나이 드는 분들을 뵐 때마다 그 앞에선 절로 고개가 숙여진다. 따뜻한 말씨, 온화한 미소, 순박한 태도는 하루아침에 되는 것이 아니다. 오랜 세월 속에서 묻어나는 것이기에 더 가치 있게 느껴지는지 모른다.

세월은 모든 것을 낡고, 지치고, 흉하게 만들기도 하지만 달리 보면 사람을 원숙하고 아름답게도 만드는 묘한 재주가 있는 것 같다.

맑은 공기가 가득한 강원도에서 밤하늘의 별이 하나둘 나올 무렵 우리를 위해 열심히 고기를 굽는 원로 목사님의 모습이 더없이 좋아 보였다.

"많이 드셔야 해요!"하는 그분의 말을 들으며 커다란 상추에 고기 몇 점을 넣고 입을 크게 벌려 맛있게 먹었다. 열심히 고기를 먹는 젊은 목회자들을 흐뭇하게 바라보는 얼굴을 보자 주님과 함께 믿음의 길을 걸어온 흔적이 보이는 듯했다.

아직도 아버지 어머니가 이렇게 살아계셔서, 저렇게 좋은 모습으로 곁에 있어 주는 문강원 목사가 부러웠다. 저녁 식사 뒤에 같이 참석했던 한 목사가 자신의 아버지는 담배중독증에, 알코올 중독자였다고 고백했다. 그 목사도 원로 목사님의 그런 모습이 아름답게 보였나 보다. 비록 우리의 부모가 원로 목사님과 같은 모습은 아닐지라도, 지금 곁에 계시기만 한다면 그것만으로도 참 감사한 일이라는 생각을 했다. 척박한 이 땅에서 인고의 세월을 보낸 분들이기 때문이다.

"아직 우리 곁에 계셔서 감사합니다"라는 마음으로 따뜻하게 부모님을 안아드리면 어떨까? 그분들이 계셔서 우리가 이렇게 존재할 수 있는 거니까 말이다. 비록 부모님들이 뜬금없어 하거나 당황스러워할지라도 오늘은 꼭 이런 말을 해보면 좋을 것 같다.

"참! 고맙습니다."

방지일 목사님의
기도

　　평양신학교 출신이자 장대현교회에서 길
선주 목사님과 함께 사역하던 방지일 목사님은 기독교 100년
역사의 산증인이시다. 그분이 98세일 때 우연히 만나 뵐 기회
가 있었다. 연세가 많으신데 움직임은 전혀 불편해 보이지 않
으셨다.

　그날은 한국 기독교 120여 년의 역사 가운데 함께했던 선교
사와 그 자녀들, 그리고 한국에서 복음을 받은 후손들과 한국
교회 목사 100여 명이 모이는데 나와 방지일 목사님도 초청된
것이다.

방 목사님은 축사하시며 지금은 돌아가신 선교사들과의 추억을 얘기하셨는데 그 이야기가 참으로 감격스러웠다. 내 눈엔 유독 방지일 목사님만 들어왔다.

모든 예식이 끝나고 식사 시간이 되었다. 나는 다른 테이블에 앉아 식사하시는 방 목사님만 주시했다. 내가 먼저 식사를 끝내고, 방 목사님도 식사를 마칠 때쯤 가까이 다가갔다.

"방 목사님! 저, 식사 다 하셨으면 기도 한 번만 해주세요."
"어느 교회에서 사역하세요?"

방 목사님은 내게 몇 가지를 물어보신 다음 내 손을 꼭 잡으셨다. 방 목사님은 의자에 앉아 계시고 나는 양탄자에 무릎을 꿇고 앉았다. 내 손을 잡고 기도하시려는 방 목사님께 나는 손을 내 머리에 얹고 안수해 달라고 부탁드렸다.

나는 그 순간 창피한 것도 없었다. 다른 목사들이 뭐라 하든 말든 상관없었다. 이 기회를 잃으면 절대 안 된다는 마음이 강하게 들었기 때문이다.

기도가 끝난 뒤 방 목사님께 기념 촬영을 부탁해서 사진도 한 장 찍어 두었다. 언젠가 후손들이 이 분이 누구냐고 내게 물으면 방지일 목사님과 만났던 일을 꼭 말해 줄 것이다.

기회의 여신 오카시오는 이마에 머리카락이 무성하고, 뒷머리는 대머리라고 한다. 이마에 머리카락이 무성한 이유는 누구든지 보면 덥석 잡게 하기 위함이고, 뒷머리가 대머리인 이유는 지나고 나면 다시는 붙잡지 못하게 하기 위해서라고 한다.

주님이 내게 방 목사님 만날 기회를 허락하신 것처럼, 우리도 살면서 주님의 뜻을 이뤄드려야 할 기회가 있을 것이다. 그때 머뭇거리거나, 다른 사람들 눈치를 보느라 기회를 잃지 않기를 소망한다. 작은 키로 주님을 만나려고 나무에 올라갔던 삭개오의 마음이 우리에게도 있기를 바란다. 방지일 목사님의 안수 기도를 나는 평생 잊지 못할 것 같다.

가슴으로 하는
신앙생활

몇 달 전 금요기도모임 시간이었다. 함
께 기도하는 시간에 내가 "저를 위해 기도해 주세요" 하는 분
들은 앞으로 나오라고 했다. 그러면 내가 같이 기도하겠다는
말이었다. 꽤 많은 분이 앞으로 나왔다. 한 분 한 분 기도하며
그 앞을 지나가는데 한 여자 청년이 기도하는 내 손을 붙들었
다. 그러곤 하염없이 울고 있었다. 무슨 사연이 있는지, 어떤
아픔이 있는지, 나도 모르게 그 순간은 그냥 옆에 조금 더 있어
줘야겠다는 마음이 들었다.

어깨에 손을 얹고 다독이며 그냥 옆에 있어 주었다. 흔들리

는 작은 어깨에 조금이라도 위로가 됐으면 좋겠다는 마음도 들었다. 그리고 "무슨 아픔이 있길래 이렇게 서럽게 우는가" 하는 생각도 들었다. 청년에게 "어떤 아픔이 있나요? 왜 이렇게 울어요?"라고 묻기 보다는 그냥 말없이 내가 옆에 있는 게 좋을 것 같다는 생각이 들었다.

우리는 살다보면 꼭 문제의 정답을 찾고, 어떤 것을 해결하려고 할 때가 많다.

그런데 때로는 답을 찾으려 하지 않는 그냥 봄바람처럼 훈훈한 사람을 만나는 경우가 있다. 내가 그런 봄바람 같은 목회자는 아닐지라도, 그 청년 옆에서 같이 기도해 주는 목회자이고 싶었다.

목회를 하다보면 그런 봄바람 같은 성도를 꽤 많이 만나게 된다. 목회하는 현장에서 이런저런 감동받은 이야기를 하다보면 왠지 그렇게 헌신한 성도들이 내 눈치를 보거나 의식하는 것 같아서 그냥 마음에 묻어 두고 당사자에게만 고마움을 표시하는 경우가 많다. 하지만 그런 성도들, 숨어 있는 작은 영웅들이 많은 교회가 건강하다는 말에 전적으로 동감한다. 심지어 어떤 때는 그런 성도들이 목회자인 내게 큰 도전을 줄 때도 있다.

내가 그런 작은 영웅들을 가만히 살펴보면 머리보다는 가슴으로 신앙생활 하는 분들임을 느끼게 된다. 가룟 유다는 예수님께 향유를 부은 마리아를 탓한다. 그러나 주님은 마리아의 행위를 두둔하고 도리어 가룟 유다를 꾸짖는다.

"가슴으로 예수님의 장례식을 준비한 마리아를 너의 알량한 계산과 논리의 잣대로 심판하지 마라. 가난한 자는 네가 도와도 되지 않겠느냐?"

주님이 이렇게 말씀하시는 것 같다. 주가 주시는 감동으로 신앙생활을 하려고 애쓰는 우리가 되기를 소망한다.

아름답게
늙는 것

        오랜만에 만난 분은 종종 내 머리를 보고 한소리 한다.

"정말 세월이 가네요. 목사님 머리도 희어지고요!"

거울을 보면 귀밑머리에 무서리가 내린 게 보인다. 지난 주에는 경북 영주 근처에 흙벽돌집이 있는 목사가 한 명 있어서 뜻하지 않게 그곳에서 하룻밤을 머물게 되었다. 사과 과수원을 지나 산꼭대기에 다가가니 집이 한 채 보였다. 가끔 형제들이 들른다는 그 집엔 오래전에 사람이 다녀간 흔적만 있을 뿐이었다. 나무를 때며 익숙하게 식사 준비를 하는 집주인 목사의 지

휘에 따라 우리는 각자 나무하고, 청소하고, 준비해 간 음식을 차례대로 조리하기 시작했다. 그러다 문득 벽을 살펴보니 정말 흙벽돌집이었다. 집을 보고 있자니 자연스럽게 어린 시절이 떠올랐다.

시골에서 올라와 초등학교 들어가기 전까지 나는 흙벽돌로 지은 집에서 자랐다. 내 기억엔 지게도 몇 번 져보았는데 지게 밑이 나무뿌리에 걸려 넘어진 뒤로 다시는 가까이 하지 않았던 것 같다.

너나없이 가난하고 고된 시절, 연탄이 대중화되기 전에는 대부분 나무를 때서 방을 따뜻하게 만들었다. 그러곤 그 불로 밥하고, 음식까지 조리했다. 미리 준비해 둔 잘 마른 장작을 아궁이에 넣고 불을 지피며 저녁을 짓는 어머니의 얼굴이 떠올랐다. 깜깜한 부엌에서 아궁이의 불빛을 받은 어머니는 흡사 성자같이 보였다. 능숙한 솜씨로 불을 지피며 여러 가지 일들을 한꺼번에 하시던 어머니의 손은 마술사처럼 보였다.

나무를 지피던 기억은 연탄불이 대중화되면서 곧 사라지고 말았지만, 어스름한 때 아궁이 앞에 앉아 불을 지피는 어머니의 얼굴은 지금도 슬며시 미소 짓게 한다.

흙벽돌집에 앉아 어릴 적 추억을 떠올리며 불을 지폈다. 그때

"이 목사님! 불을 지필 줄 아세요?"라고 같이 갔던 목사가 물었다. "아니! 나무만 넣으면 되는 거 아니에요?" 하고 답했다. 그런데 불은 그렇게 지피는 게 아니라는 답이 돌아왔다. 두꺼운 자연석 돌로 만들어진 구들장을 데우려면 커다란 통나무를 무척이나 깊이 넣어야만 했다.

"불은 잘 타고 있으면 절대 건드는 게 아니에요. 불이 잘 안탈 때만 도와주면 되는 거죠."

눈과 코에 연기가 들어가 쩔쩔매는 내게 주인장인 목사가 말했다.

이제 나는 귀밑머리에 무서리가 내린 나이가 되었다. 그리고 때론 많은 걸 책임지고 감당하는 위치에 있다. 하지만 아직 내 마음 깊은 곳엔 촌놈의 정서가 많이 남아 있는 것 같다. 굴뚝의 연기만 봐도 가슴 한편이 싸~ 하면서 뭔지 모를 편안함이 느껴진다. 누군가는 늙는 것이 서운하다고 하지만 나는 돌아보면 아름다운 추억이 있고 함께할 수 있는 좋은 사람들이 곁에 있어 나이 드는 것도 감사하다.

어머니를
존경하는 이유

통정성(integrity)이란 말이 있다. 정직이란 말로도 번역되지만 "겉과 속이 항상 같다", "한결같다"라는 말로 쓰인다. 이런 통정성을 지닌 사람은 한결같은 모습으로 살기 때문에 주위 사람에게 신뢰를 얻는다. 사실 사람이 한결같이 사는 게 어디 그리 쉬운 일인가! 며칠 전 우리 성도들과 식사하던 중 한 남자 집사가 말했다.

"목사님! 저녁에 아무 일없이 가정으로 돌아오는 남자들은 정말 대단한 겁니다. 하루 일을 무사히 끝내고, 아무 사고도 없이 길거리의 수많은 유혹을 뿌리치고 가정으로 돌아온 거잖아요. 그게 얼마나 대단한 건지 아내들은 잘 몰라요."

그러자 옆에 있던 그 집사의 아내가 재치 있게 말을 받아쳐서 모두들 한바탕 웃었다.

"아니, 그게 뭐 대단한 거예요? 당연한 거지. 그러면 아무 일 없이 하루 일과를 끝내고 가정을 지키는 여자는 대단한 거 아니에요?"

한결같은 삶. 이것은 그 어느 공동체에서도, 그 어떤 사람에게도 쉬운 일이 아니다. 얼굴이 물에 비치듯이, 사람의 마음도 다른 사람에게 비친다. 과장하고 꾸미는 것은 자주 만나지 못하는 사람에게는 어느 정도 가능할 지도 모른다. 하지만 가정에서는 절대 그럴 수가 없다. 모든 것이 적나라하게 드러나기 때문이다. 가정에서 가족 모두에게 신뢰를 얻는 사람은 진짜 통정성을 가진 사람이다.

통정성을 가진 사람은 자신이 속한 어떤 공동체에서도 신뢰를 얻을 수 있다. 변덕이 심한 사람, 자신의 이익만을 생각하는 사람을 신뢰하는 공동체는 세상 어디에도 없다. 통정성을 가진 사람은 시간이 지날수록 강력한 영향력을 발휘하게 되고, 큰 명성을 얻게 된다. 이것이 통정성을 가진 자의 상급이다.

우리 교회에서는 한 해를 마칠 때, 각부서 결산과 내년도 예산을 짜기 위해 교사와 교역자가 모두 모인다. 그 전에 각부서 장이 어떤 사람이면 좋겠는지 미리 생각하고 오기로 했다. 그리고 다시 모였을 때 부서장을 추천했다. 그런데 몇 부서에서 한 분을 서로 자기 부서의 부서장으로 해달라고 요청하는 일이 생기고 말았다. 나는 바로 그분이 통정성을 가진 분이라는 생각이 들었다. 여러 사람에게 자신의 리더가 되기를 바라는 마음이 들게 했다면, 그는 한결같은 사람이라는 것이다.

통정성을 가진 사람은 시간이 지날수록 자기가 속한 공동체를 아름답게 만든다. 자기 마음대로 하고, 변덕이 심한 사람이 우리 가족 공동체의 구성원이라고 생각해 보자. 가족이기 때문에 어쩔 수 없이 살겠지만, 굉장히 불안한 공동체가 될 것이 뻔하다.

우리가 어머니를 진짜 존경하고 사랑하는 이유는 나에 대해 '통정성'(integrity) 즉 한결같이 따뜻한 마음을 가지고 있기 때문이다.

지금
할 수 있는 일

무더운 여름날 꽤 큰 교회를 담임하는 동료 목사들과 함께할 기회가 있었다. 보통 목사들은 여러 가지 일로 항상 분주한 편이지만 그 중 한 명은 더운 날씨 때문인지 교회 일을 하다가 체력이 완전히 방전되어 있었다. 나도 곧 안식월이기 때문에 여러 가지 일을 한꺼번에 하느라 입이 부르트고 체력도 딸렸다.

그러나 그 목사는 나와 비교도 안 되게 정말 힘들어했다. 같이 점심을 먹는데 음식을 넘기지도 못할 정도였다.

운전으로 봉사하는 집사가 내게 "우리 목사님이 너무 스트레스를 받으시네요. 마음이 힘드셔서 그럴 겁니다. 목사님이 위로 좀 해주세요!"하고 자리를 피했다.

겉으로 보기엔 큰 교회의 담임 목사로 화려한 자리에 있는 것 같지만 이야기를 듣다 보니 그 역시 힘든 일을 홀로 감당하는 사람이었다.

그 주에 또 다른 친구 목사에게 전화를 한 통 받았다. 친구 목사는 제주도에 간다고 내게 같이 가자고 했다. 내가 갑자기 무슨 제주도냐고 물었더니, 자신이 목회하는 교회의 한 성도가 제주도에 가서 푹 쉬고 책도 읽고 오라고 비행기 티켓과 호텔을 예약해 주었다고 했다. 친구 목사는 혼자 가니까 시간되면 같이 가자고 연락한 것이다. 나는 다른 약속이 있어서 같이 가지 못한다고 양해를 구하고 전화를 끊었다.

전화를 끊고 홀로 앉아 생각하니 두 친구의 모습이 너무나 상이하다는 생각이 들었다. 겉으로 보이는 모습이 전부가 아니라는 생각도 들었다. 한 친구는 누구나 부러워하는 큰 교회의 담임 목사지만 완전히 탈진해서 자기 몸 하나도 가누지 못할 정도로 스트레스를 받으며 산다.

반면 다른 친구는 큰 교회 목사는 아니지만 홀로 제주도 호텔에서 쉬다가 오라는 배려를 받으며 살고 있었다. 사람 사는 모습은 너무나 제각각이라는 생각이 들었다.

그러니 누군가의 겉모습만 보고 자신의 처지와 비교해서 열등감을 갖거나 우월감을 갖는 건 아무리 생각해도 정말 바보 같은 일이 분명했다.

지금 내가 할 수 있는 일을 즐겁게 하며 자신의 삶을 즐길 줄 아는 그리스도인이 되는 것이야말로 진정 우리가 누려야 할 은총이 아닐까?

호텔이 아니면 어떤가? 온 가족이 수박 한 통을 깨뜨려 맛있게 먹을 수 있다면 그게 작은 천국 아니겠는가!

하나님이 내게 맡겨 준 일이 많아서 그 책임 때문에 스트레스를 받고 있더라도 지금 있는 그곳에서 하나님의 은총을 발견하며 감사와 기쁨으로 삶을 사는 능력이 우리에게 필요한 것 같다.

지난 주일 남성구역과 중고등부 청년부가 한바탕 축구를 했다. 운동을 마친 뒤, 100Kg짜리 통돼지 두 마리를 먹는 모습에서 나는 감사를 발견할 수 있었다. 그날그날 주어진 작은 것에서 감사를 발견하면 그것이 하나님의 은총이다.

성만교회 중고등부 아이들이 50대 집사들과 축구 시합을 해서 이기곤 상금을 달라고 했다. 그러자 집사들이 말했다.

"목사님, 상금은 미리 준비했습니다. 이겨도 주고 져도 줄려고 했거든요."

집사들은 기꺼이 상금을 냈고, 그 돈으로 우리는 돼지고기를 무진장 먹었다. 슬며시 수박과 토마토, 참외를 산 아름다운 손길을 통해서 덤으로 과일까지 먹을 수 있었다. 이런 것이 진정 우리에게 주시는 주님의 은총이 분명하다.

작은 훈장

　　나이 30대에 교회를 개척했다. 지금 생각하면 그때는 정말 뭐가 뭔지도 모르고 뛰어다녔던 것 같다. 언젠가 경기도 마석에서 여름수련회를 했다. 개척할 때 함께했던 성도들은 이제 50~60대 가까이 되었지만 그땐 대부분 젊은 성도였다.

　　수련회를 연 시골교회에 수영장이 있었다. 그곳에 모인 성도들은 물속에서 수구를 시작했다. 수영을 잘하는 여자 집사들은 제법 깊은 물에서도 공을 잘 다루었다. 수영을 못하는 우리들은 힘을 쓸래야 쓸 수도 없는 처지였다. 남자 집사들도 헉헉! 그리고 나 역시 헉헉거렸지만 그 당시에는 얼마나 재밌었는지 모른다. 물속에서 하다가 안 돼서 밖으로 나간 공을 잡아 물 안으로 다시 들어가려고 하는 순간, 지금은 권사가 된 함순자 집사가 어깨로 내 옆구리를 퍽 박아버렸다.

갑자기 "헉!" 하는 신음 소리가 나오더니 그 자리에서 바로 쓰러졌다. 하늘이 노래지고 낮인데도 별이 보였다. 그런데도 다친 옆구리로 일어나 끝까지, 악착같이 수구를 하며 놀았다. 수련회를 마치고 돌아왔을 때 어떻게 됐을까? 나는 갈비뼈에 금이 가서 한 3개월은 고생했다.

이번 안성명성수양관에서 청년들과 젊은 집사들이 수구를 했다고 한다. 그 모습을 보고 온 아내가 너무너무 재밌었다고 말하며 이야기를 시작했다. "당신도 그렇게 놀던 시절이 있었어요!" 하면서 말이다.

청년들과 젊은 집사들이 장대 같은 비가 오는데도 수구를 했단다. 골키퍼를 보던 큰딸은 공만 오면 "안 돼! 아악! 아악!" 하고 소리를 질렀다고 했다. 새침데기 같은 작은 딸은 오빠들 어깨에 올라타서 기가 막히게 놀았다고 했다. 내가 30대일 때 지키고 있던 자리를 이제 문상록 집사와 정우진 집사가 대신하고 있다고 말했다.

"목사님! 보는 것만으로도 얼마나 재밌었는지 몰라요. 그러니 물속에서 노는 청년들과 집사들은 얼마나 재밌었을까요? 장대비가 와서 더 재밌게 노는 것 같더라고요. 도저히 옛날 생각이 나서 그만 놀라고 할 수도 없었어요. 그런데 아무리 생각해도 그 물속에서 성도들과 열심히 뛰어다니던 목사님은 여기 안 계시네요. 흰 머리가 많이 나시고……. 하지만 목사님의 자리를 대신할 젊은 집사들이 있으니까 정말 행복하신 거예요!"

개척한 뒤 많은 시간이 흘렀다. 뒤돌아보면 주님은 너무 감사한 시간으로 옹골차게 채워 주셨다. 나와 함께한 성도들도 이젠 대부분 중년이 되었다. 지나간 시간들은 다시 되돌아오지 않겠지만 주님은 우리에게 아름다운 추억을 남겨 주셨다.

가끔씩 지난날 행복했던 순간과 비슷한 상황을 만나면 나도 모르게 입가에 미소가 지어진다. 요즘 나를 보는 성도들은 "목사님, 염색하셔야겠어요!"라고 말할 때가 종종 있다. 하지만 아직은 할 생각이 없다. 흰머리는 내게 작은 훈장이기 때문이다. 성도들과 함께 뒹군 날만큼 주님이 내게 잘했다고 붙여 주신 훈장 말이다.

봄은
꼭 온다

며칠 전, 전화가 한 통 걸려왔다.

"이찬용 목사님이시죠?"

"네."

"저예요!"

"네?"

"저요, 이준모 전도사 사모예요."

"아! 네."

이준모 전도사는 증권사에서 근무하다가 신학을 시작한 분이었다. 페트라 헬라어를 가르치는 김선기 목사님이 시무하는 교회에서 내가 처음 전도사를 시작했을 때, 그 전도사 역시 나보다 연배는 많았지만 첫 사역을 하고 있었다.

그 부부는 어려운 환경에서도 베풀기를 좋아해 언제나 내게 먼저 손을 내밀었다. 식당에서 식사한 뒤 내가 돈을 내려고 하면 이준모 전도사는 내 등을 꼭 붙잡고, 그 아내인 사모가 재빨리 계산을 하곤 했다.

그러던 어느 날 지방을 다녀오다가 천안 즈음에서 이준모 전도사가 갑자기 머리가 아프다고 하며 순천향병원 응급실로 향했다. 이것이 그의 마지막 길이었다. 뇌출혈로 돌아가신 거였다.

새벽에 이준모 전도사가 세상을 떠났다는 소식을 듣고 급히 천안 순천향병원 장례식장에 도착했을 땐 이미 모든 것이 끝난 뒤였다. 어렵사리 장례식을 치르고, 사모는 어린아이들을 데리고 아파트 계단 청소를 하며 살았다.

어떤 해에는 사모가 연락해 "전도사님 우리 집에 비가 새요. 한 번 봐 주세요"라고 해서 갔더니, 지하실 셋방에 두꺼운 스티로폼을 3장 올려놓고 그 위에서 잠을 자고 있었다. 당시 초등학생이던 남매와 같이 물을 퍼내고 정리했지만, 방바닥에 고인 물은 쉽사리 없어지지 않았다. 그 뒤 나도 개척하고 사역이 바쁘다는 이유로 10여 년 정도 그 가정을 잊고 살았다. 간간히 들려오는 소식은 있었지만, 어디서 무엇을 하며 사는지에 대해 알 길이 없었다.

그러던 중 한 결혼식장에서 그 사모를 우연히 만나게 되었다. 사람은 하나님의 은혜로 산다는 말이 맞았다. 아이들은 잘 자라서 각자의 길을 걷고 있었고, 사모는 신학을 해서 교회 전도사로 사역하고 있었다. 너무나 막연한 인생인데 자녀들도 반듯하게, 자신의 삶도 반듯하게 산 거였다.

"목사님! 참 힘든 시간이었지만, 그래도 힘들다는 생각이 안 들더라고요. 목사님 보니까, 갑자기 이준모 전도사가 생각나서 눈물이 나려고 하네요. 그동안은 정말 모든 걸 잊고 살았거든요."

그때 내 전화번호를 드리고 나는 또 잊고 살았는데, 사모는 우리 교회 홈페이지에 와서 이곳저곳을 둘러보았던 모양이다.

"목사님! 참 자랑스러워요. 우리 이준모 전도사가 살아 있었다면 굉장히 기뻐했을 거예요. 그런데 왜 또 눈물이 나려고 하지요."

나는 이제 전도사가 된 사모의 말을 가만히 들으면서 정말 아무 말도 할 수가 없었다. 예수님 한 분만 붙들고 어려운 시기를 다 이겨 낸 분에게 무슨 할 말이 있겠는가.

혹 지금 어려운 시기를 걷는 또 다른 분이 있다면, 매서운 겨울은 지나가고 새싹이 돋는 봄이 곧 올 것이니 조금만 더 참고 인내하자는 말을 하고 싶다. 이 사실이 그 전도사와 내게 하나님이 주신 큰 교훈이었다.

부모 마음

　　며칠 전 교회 홈페이지에 있는 성만리더
십센터에 들어가 보았다. 카페에 들어간 나는 게시판에 둘째
딸 예현이의 사진이 있는 걸 보고 깜짝 놀랐다. 둘째는 교회 아
이들에게 발레를 가르치려다가 갑자기 유학이 결정되어 미국
으로 떠나게 되었다. 아이들에게 발레를 가르치지 못한 게 내
내 마음에 걸려 글을 남기고 간 것이었다. 어떤 유치부 아이가
발레복까지 준비해 놓고 좋아했다는 말을 듣고 굉장히 미안해
하던 딸아이의 모습이 생각났다.

　　딸아이의 사진을 보니 그냥 보고 싶고, 그리워서 갑자기 울

컥했다. "어차피 시집가면 헤어지는데, 조금 일찍 떠났다고 생각하자! 그리고 내가 자꾸 약한 모습을 보이면 식구들도 힘들 텐데 의연하게 대처해야지"하고 생각했다. 그런데 마음은 생각과 따로 노는 듯했다.

얼마 전에 아들을 군대에 보낸 백대현 목사는 내게 이렇게 말한 적이 있다.

"이 목사님! 아들 군대에 보내는 게 보통 일이 아닙니다. 잘 다녀오겠습니다! 하고 돌아서는 아들이 기어코 뒤돌아보지 않고 그냥 부대 안으로 들어가는 거예요. 자기도 돌아서면 눈물을 보일까 봐 그런지 먼 하늘만 쳐다보며 부대 안으로 들어가더라고요. 옆에서 아내는 훌쩍훌쩍 울고, 나도 눈물이 나서 혼났어요."

자식이 어릴 때는 늘 곁에 있어서 몰랐는데 장성해서 부모 곁을 떠날 시기가 되니까 마음이 슬퍼졌다.

나는 요즘 하루에도 몇 번씩 전화기를 들었다, 놨다 한다. 예현이 목소리라도 듣고 싶은데, "지금은 자겠지? 피곤해서 자는데 깨우면 안 되지?"하는 생각이 들어서다. 막상 전화기를 들고 예현이 목소리를 듣고 있으면 사실 할 말도 별로 없다.

"잘 있니?"
"밥은 먹었고?"
"아픈 데는 없지?"

다른 아버지처럼 나도 그저 마음만 그리울 뿐이지, 표현하는 건 너무 서툴다. 이게 한국 아버지들의 마음일 것이다. 자식을 향한 마음은 하늘만 한데, 표현은 손톱만큼밖에 못하는 보통 아버지들 말이다.

경비 아저씨는
천사

　　내가 사는 아파트에는 두 분의 경비 아저씨가 교대로 근무한다. 한 분은 다른 분과 교체한 지 얼마 되지 않았고, 또 한 분은 내가 처음 이사갈 때부터 근무한 분이다.

　　처음부터 근무한 분은 이제 제법 낯이 익어서 늘 내게 웃어주시고 우리 아이들과도 편하게 지내신다. 하지만 새로 오신 분은 아직 친숙해지지 않았다.

　　헌데 얼마 전, 그분과 대화할 기회가 생겨 내가 목사인 것을 말하고 전도했다. 그러자 그분도 인천에서 신앙생활을 하고 있다고 하셨다. 이야기를 하다 보니 어느새 친숙해졌다.

며칠 전, 교회에 출근하려고 나오는데 그 아저씨가 8층에서 엘리베이터를 타시는 게 아닌가. 나는 엘리베이터 안에서 "어디 다녀오세요?" 하고 인사를 드렸다. 한데 그날따라 어딘가 불편해 보이셨고 이내 손수건을 꺼내 코를 풀며 말씀을 잇지 못하셨다. 1층에 내려와서야 나는 그분이 울고 계셨음을 알았다. 아저씨는 울먹이면서 "8층에 사는 사내아이가 초등학교도 가기 전에 병원에서 죽었어요"라고 말하셨다. 아저씨는 아이의 어머니에게 이 사실을 전하고 함께 울다가 내려왔던 것이다.

아이의 죽음을 전하며 내내 우는 아저씨. 그런 분이 우리 아파트를 지켜주고 계셨다. 그 모습을 보니 더욱 그 아저씨가 좋아지고, 신뢰가 생겼다. 이웃과 함께 울고 웃을 수 있는 따뜻한 마음을 가진 아저씨가 앞으로 더욱 좋아질 것만 같았다.

목회를 하다 보면 여러 가지 사정과 형편이 있는 성도들을 만나게 된다. 그런 성도들을 보면서 그들의 기쁨이 내 기쁨과 같이 여겨지고 있는가를 생각하면 부끄럽기만 하다. 전보를 받고 아파할 아이어머니를 생각하니, 내가 습관화된 목회를 하는 것은 아닌지 부끄러웠다. 주님이 내게도 그 아저씨와 같은 마음을 주셔서 성도들과 함께 슬픔과 기쁨을 누리게 해주시기를 기도했다.

섬김의
영혼

소록도에 다녀왔다. 늘 그렇듯이 그곳엔 천사들이 살고 있었다. 함께 다녀온 목사들도 큰 감동을 받았다고 말했다. 10년 가까이 소록도에 다니면서 느끼는 점은 그곳도 사람이 사는 곳이라는 것이다. 처음엔 몰랐는데, 세월이 지나면서 점점 그런 생각이 든다.

우리는 소록도에 갈 때 선물로 용돈을 드리는데 "다른 방은 더 주는가?" 하고 묻는 어른들이 있다. 또 자신만 특별한 관심을 받기 원하는 분도 계신다. 혹 다른 분에게 무언가를 더 주면 크게 서운해하는 분도 있다. 거기도 사람 사는 동네인 것이다.

그런데 소록도에서 유독 눈에 띄는 한 분이 있다. 박태금 집사님은 올해 91살 되신 분이다. 박 집사님은 일제 시대에 소록도에 들어와서 지금까지 사신다. 앞을 못 보시고 걷지도 못해 앉아서만 생활하신다. 그런데 이분을 만나면 항상 마음에 감동이 온다.

이분은 우리를 만나면 항상 무언가를 주려고 하신다. 이번에도 우리가 준비해 간 용돈을 드렸더니 박 집사님은 극구 만류하셨다.

"목사님이 돈 쓸 때가 많을 텐데, 뭘 이렇게 준비하셨어요. 그냥 가지고 올라가세요. 그리고 저기 장롱에서 조그만 통 하나 꺼내 주세요."

박 집사님은 통 안에서 꺼낸 10만 원을 우리에게 주셨다. 나와 같이 간 목사님 세 분에게는 2만 원씩 그리고 내게 4만 원을 주셨다. 조금밖에 못 줘서 미안하다며 올라가는 길에 맛있는 것을 사먹으라고 하셨다. 박 집사님은 우리 교회에 건축헌금 20만 원을 보낸 분이기도 하다.

10여 년의 세월동안 그분을 만나면서 나는 다른 분과 조금 다른 것을 느꼈다. 그곳에서 박 집사님의 형편이 더 좋은 것도 아니다. 몸이 더 건강한 것도 아니다. 그런데 그분은 다른 분들보다 하나님과 가까이 있었다. 비록 몸은 만신창이일지라도 아름다운 영혼을 갖고 계셨다.

내가 사역하는 교회에서 그분보다 형편이 어려운 분은 한 분도 없다. 물론 소록도에서도 마찬가지다. 그럼에도 불구하고 나는 그분보다 아름다운 영혼을 가진 분을 아직 만나지 못했다.

꼭 무언가를 줘서가 아니라, 그분의 마음과 그분의 입술에서 나오는 말 때문이다. 그분의 기도에서 흐르는 은혜는 주님이 함께하심을 느끼게 한다. 악착같은 이 세상에서 우리도 그런 섬김의 영혼이 되기를 소망했으면 좋겠다.

주님의
은총

지난 금요일 기도 모임에는 남기율 목사의 간증 시간이 있었다. 남 목사는 우리 교회 김성진 장로의 대학 선배이기도 하다.

김 장로는 20여 년만에 남기율 목사를 만났는데 그가 목사가 되었다는 소리를 듣고 깜짝 놀랐다. 왜냐하면 남 목사가 김 장로의 회사 선배였던 시절 소문난 알코올 중독자였기 때문이다.

남 목사는 한때 회사 주재원으로 미국에 갔다. 하지만 그곳에서도 알코올 중독자로 살다가 아내와 아들딸에게 버림받고 내쫓겼다. 남 목사는 간증할 때 지난날을 떠올리며 눈물 젖은 고백을 했다.

"미국에 살 때는 정말 가진 게 돈밖에 없었어요. 성공한 삶이라고 생각했지요. 그런데 알코올 중독은 모든 것을 잃게 만들었고, 가정에서도 쫓겨났어요. 돈이 다 떨어져 길바닥에서 얼어붙은 담배꽁초를 주워 피기 시작했어요. 초하룻날 무료로 떡국을 준다는 곳에 찾아가서 다른 사람들의 눈에 띌까 두려워하며 구석에서 떡국 한 그릇 얻어먹는데 어찌나 눈물이 나던지요. 다 먹지도 못하고 그냥 뛰쳐나오고 말았어요."

남 목사는 주님을 만난 뒤 6년 만에 가정에 돌아갔다. 오랜만에 온 자신을 가족들이 환영할 거라 기대했다. 하지만 "아빠!" 하고 부르며 자신에게 안길 줄 알았던 아이들이 어색해하며 다가오지 않았다. 남 목사는 아이들에게 오랫동안 떨어져 살았기 때문에 아빠를 갖는다는 게 어떤 감정인지 모르겠다는 슬픈 고백을 들어야만 했다.

"왜 죽지 않고 살아 돌아왔느냐"라고 푸념하는 아이들 얘기를 듣고 하늘이 무너져 내리는 충격을 받았다. 남 목사는 그때야 비로소 "아빠로서 자녀들에게 사랑과 헌신을 주지 못한 결과가 이것이구나!" 하는 생각을 했다.

남 목사는 "가족 중 한 사람이라도 마약, 술, 도박, 성적 타락 등에 중독된 사람이 있다면 그 가족은 불구의 길을 걷게 됩니다"라고 고백했다. 사실 구원이란 지옥에서 천국으로 가는 것만이 아니다. 정신이 살아나고, 육적인 삶에서 변화되고, 여러 가지 중독에서 나올 수 있는 길이기도 하다.

10여 년의 세월동안 남 목사는 알코올 중독에서 구원받고, 지금은 자신과 같은 길을 걷는 사람들을 돕는 틴 챌린지(Teen Challenge)라는 단체에서 사역하고 있었다. 남 목사를 보는 것만으로도 주님의 놀라운 은총을 느낄 수 있었다. 우리에게도 놀라운 주님의 은총이 함께하기를 소망한다.

믿음으로
산다는 것

　　　　　　한국으로 돌아가는 LA 공항 라운지에서
나는 이런 생각이 들었다.

"하나님은 믿음으로 사는 자를 결코 저버리지 않는다."

　미국에 갔을 때 이 말을 깨닫게 해준 이는 바로 김순학 장로,
김성숙 권사 부부였다. 그들은 LA 벤나이스 연합감리교회를 섬
기고 있었다. 김 장로는 초등학교도 졸업하지 못하고 경상도에
서 남의 머슴을 살다가, 17세에 서울로 가출한 분이다.

그는 시간이 흘러 비슷한 처지에 있는 김성숙 권사를 만나 가정을 이루었다. 가난 속에서 삶은 힘들었지만 믿음 안에서 살아야 한다는 마음만은 확고했다. 그리고 누군가에게 베푸는 삶을 살자고 마음먹었다.

김 장로는 가출해서 배운 자동차 정비기술과 300달러를 가지고 우여곡절 끝에 도미(渡美)하여 가족들과 8년 동안 생이별하고 살았다. 그것이 미국 생활의 시작이었다.

그런데 이 무렵 기독교가 한국에 들어오고 소위 서울 사대문 안에 사는 지식인들이 기독교로 유입되었다. 그래서 깨어 있는 사람들이 미국으로 이민 가서 성공하는 경우가 늘어났다. 신앙 초창기에 뜨거움을 가지고 이민 온 사람들은 호화로운 삶을 살게 되었다. 수영장이 딸린 것은 기본이고, 집에 들어가려면 몇 개의 문을 통과해야 할 정도로 거대한 집에서 여유롭게 살았다. 하지만 갑작스러운 성공 가운데서 순수하게 믿음을 지키며 사는 건 아무나 할 수 있는 일이 아니었다.

석·박사가 많고, 롤스로이스 자동차가 많이 주차되는 교회는 목사들의 무덤이 되었다. 잘난 사람들 등쌀에 서서히 인본주의가 들어온 교회는 담임 목사가 몇 차례나 바뀌는 홍역을 치르더니 이제는 자기들만의 교회로 만들었다. 그 여파는 LA

에 있는 교회 전역으로 확산되었다. 목사와 성도 사이에 조금만 갈등이 생기면 성도들은 목사를 대적하고 주변 사람들을 데리고 나가 새 교회를 개척하는 경우가 허다했다.

미국에 갔을 때 그런 이야기를 참 많이 들었지만 모두가 그런 건 아니었다. 해처럼 빛난 믿음을 가진 이들이 있었다. 그 중 한 분이 바로 김 장로였다.

우리는 3일 동안 김 장로 부부의 가정에 머물 기회가 있었다. 하루하루 지나는 동안 그분들은 식사 대접부터 시작해 생활하는 모든 부분에서 진정한 섬김을 다해 주었다. 정성이 담긴 섬김을 통해 우리는 참으로 감동을 받았다.

하루는 자녀들에 대한 이야기가 나왔다. 김 장로의 아들과 딸은 UCLA 대학교를 나와서 미국 사회에서 성공했다. 그리고 자녀들은 정말 멋진 모습으로 약한 자들을 돌보며, 믿음의 가문을 이어가고 있었다. 잘나거나 똑똑하지 않은 분이, 물려받은 재산도 없이 미국에서 얼마나 큰 고생을 했을까 싶지만, 이 가정에 주님이 함께하셨기에 지금까지 살아왔음을 내 눈으로 보게 되었다.

더 좋은 학벌, 더 많은 물질, 더 높은 자리……. 사람들은 "더, 더, 더"를 외친다. 그리고 사회는 그것만이 인생의 성공인 양 착각하게 만든다. 하지만 이 세상에는 "하나님의 영광을 위하여!"
사는 사람들이 분명히 존재한다. 그리고 주님은 그들을 결코
배신하지 않고, 은혜와 사랑으로 보듬어 주신다.

그래서 우리는 믿음으로 살아야 한다. 머나먼 땅에서 주님은
내게 김순학 장로 부부를 통해 "봤니?"라고 물으시는 것만 같
았다.

그 한 사람

극동방송 사장인 김장환 목사님이 우리 교회에 다녀갔다. 가까이서 뵈니 키는 자그마하지만 큰마음을 가진 분이라는 걸 느꼈다. 우연한 기회에 김 목사님을 가까이에서 보좌하는 분과 친하게 되었다. 그와 이야기하던 중에 한 장로에 대해 알게 되었다. 그는 김장환 목사님이 섬기던 교회의 성형외과 의사인데 최근 볼보 승용차를 샀다고 했다. 그러곤 김장환 목사님께 "언제든지 필요하면 말씀만 하십시오. 빌려드리겠습니다"라고 했단다.

때마침 외국에서 손님이 와서 김 목사님은 그에게 손님이 한국에 있을 동안만 자동차를 빌려 달라고 부탁했다. 그런데 그 장로는 이야기를 듣고 무척 불편해하며 거절했다. 그 이후 김 장환 목사님은 성형외과 의사인 장로와 불편한 사이로 지내야 만 했다.

김장환 목사님에게도 이런 상처가 있다는 말을 듣고 적잖이 놀랐다. "이런 분에게도 안 되는 게 있구나" 하는 생각 때문이 었다. 그 일이 있은 뒤로 김장환 목사님은 사람이 계산적이고, 잔머리 쓰는 것을 가장 싫어한다고 했다.

사실 요즘 세상에 계산 없이 사는 사람이 어디 있겠는가! 바보들이나 계산 못하지, 평범하게 살아가는 우리가 왜 계산하지 않겠는가! 하지만 계산할 때마다 그 계산을 붙들고 씨름해야 한다. 자기 이익만을 위해 사는 사람과 그렇게 하지 않는 사람 과는 분명한 차이가 있다.

계산이 없는 사람이 아니라 계산을 하되 그 계산을 붙들고 마음의 전쟁을 할 수 있는 사람이 많은 교회가 능력 있는 교회 인 것 같다. 얼마든지 자신의 이익을 좇을 수 있고, 또 얼마든지 눈 한번 감으면 뭔가를 움켜쥘 수 있지만 주님 때문에 기꺼이 그것을 놓을 수 있는 사람 말이다.

뉴욕퀸즈한인교회의 김태열 사모는 미국에서 복지관 공무

원으로 14년 6개월 동안 근무했다. 6개월만 더 채워 15년이 되면 죽을 때까지 연금을 탈 수 있는 상황이었다. 그런데 그때 주님이 직장을 그만두라고 말하셨다. 김태열 사모는 뒤돌아보지 않고 직장을 내려놓았다.

누군가 내 것을 뺏을까 잔뜩 움츠리고, 생색낼 만큼만 헌신하는 사람들이 많은 세대다. 주님 때문에 기꺼이 김태열 사모와 같은 바보가 될 수 있는 성도가 그리운 세상이다. 주님의 음성을 듣고 기꺼이 믿음의 선택을 할 수 있는 그 사람 말이다. 바로 그 사람이 내가 또 우리가 될 수 있기를 소망한다

억지로 진
십자가

서울 연희동 원천교회를 섬기는 문강원 목사가 하루는 친분 있는 성도들과 모인 자리에서 속마음을 털어놓았다. 자신이 이런 교회의 목사라는 게 너무 감사하고 편안하다고 말이다. 그러자 어려서부터 문강원 목사를 보아 왔던 한 성도가 "툭!" 하고 던진 말이 일품이다.

"의자 나르셨잖아요!"

문 목사는 아버지가 유치원을 빌려 교회를 개척했기 때문에 초등학교 6학년 때부터 고등학교를 졸업할 때까지 의자를 옮겨야 했다. 수요일, 금요일, 주일 오후, 이렇게 일주일에 세 번 100여 개나 되는 유치원 의자와 교육 도구들을 옆으로 치우고, 강단을 앞으로 옮겨 예배를 드릴 수 있도록 준비했다. 예배가 끝나면 다시 그 도구들을 제자리에 놓아야 했다. 일주일에 몇 번씩 의자를 옮기고, 치우기를 반복하면서 어린 마음에 "우리 아버지는 왜 목회를 이렇게 하시나? 아니 왜 목회를 하셔서 자식들을 이렇게 고생시키나?" 하는 생각이 들어 많이 힘들었단다. 예배가 끝나면 의자를 제자리로 옮겨야 하는 줄 뻔히 알면서도 몸만 쏙 빠져나가는 성도를 보면 야속한 마음도 많이 들었다. 목회자의 자녀이자 장남이라는 책임감이 버거울 때가 많았다.

"처참함은 너덜너덜해진 남루함이며, 처절함은 더 이상 갈 데가 없는 괴로움이며, 처연함은 그 두 가지를 받아들이고 승인했을 때의 상태입니다. 밥그릇을 앞에 두고 닭똥 같은 눈물을 뚝뚝 흘리며 어딘가로 도망가고 싶다는 생각을 많이 했어요. 하지만 어린 제가 도망갈 장소도 없었지요. 예배가 끝난 뒤 혼자 의자를 제자리에 놓기가 힘들어 성도들에게 도와 달라고 하면 그것 때문에 다른 교회로 옮길까 봐 차마 그 말도 하지 못했어요."

문강원 목사는 목회자의 장남으로 살던 그 시절이 처참함과 처절함과 처연함이 똘똘 뭉친 날들이라고 말했다. 하지만 그 시간이 지난 어느 날, 예수님의 십자가를 억지로 대신 지던 구레네 사람 시몬처럼 자신의 헌신을 주님이 기억하셨다는 느낌이 들었다고 했다.

문 목사를 어려서부터 봐온 성도들은 유치원 의자를 한 시간에 걸쳐 정리하던 문 목사의 성품을 인정해 주었다. 그리고 차츰 성도들 마음에 '아! 어려서부터 그렇게 의자를 나르더니 하나님이 이렇게 복을 주시는구나' 하는 마음까지 들었다고 한다.

"억지로라도 십자가를 진다는 게 어떤 것인지 이제야 그 의미를 조금 알 것 같습니다."

문 목사의 고백이다. 문 목사가 지금은 이렇게 감사하다고 말하지만, 막상 어린아이가 유치원의 의자를 옮길 때는 얼마나 힘들었겠는가?

우리는 예수님의 은혜로 구원받지만, 하나님이 복을 주시기 위해 우리에게 헌신을 요구한다는 말이 그냥 하는 말 같지는 않았다.

조금이라도 힘들고 불편하면 참지 못하는 세대에서 정말 주님이 주신 사명이라면 천천히 그 길을 가려는 마음이 우리에게도 있었으면 좋겠다. 정 그게 힘들다면 구레네 시몬이나 어린 시절의 문 목사처럼 억지로라도 십자가를 지는 자리에 있었으면 좋겠다. 그 십자가를 잘 지고 믿음의 길을 걸을 수 있는 은총을 구하면서 말이다.

거룩한 바보

            얼마 전 제주도에서 중국 선교사 부부 모임이 있었다. 이런저런 대화 중, 철강업을 하는 한 안수 집사가 자신의 이야기를 했다. 베트남에 월 30만 원씩 선교비를 보내고 있었는데 그걸 아는 누군가가 말했다.

    "집사님처럼 30만 원씩 보내는 사람이 두 명만 있으면 그 선교사는 거기서 왕처럼 살 수 있습니다."

    그 말을 들을 때는 조금 불편했는데 시간이 지나자 점차 그

울림이 커졌다. 그래서 얼마 후 선교비를 중단했다.

시간이 지나 자신의 믿음이 조금 성장한 뒤에 예전에 자신에게 그렇게 말한 사람을 보았다. 그는 여전히 부정적인 부분만 사람들에게 말하며 살고 있었다. 그 모습을 보자 안수 집사는 선교비를 중단한 것이 너무나 부끄러웠다.

예수님 당시에도 주님을 따르다가 변절한 가룟 유다와, 자신에게 조금만 피해가 간다고 생각되면 십자가에 못 박으라고 외치는 수많은 무리가 있었다. 자신에게 유익이 되면 예수님을 왕으로 삼고자 해도 그렇지 않으면 돌변하는 것이다. 바울도 마찬가지였다. 눈이라도 빼줄 것처럼 헌신한 동역자가 있는 반면에 바울을 죽이기 전에는 먹지도 마시지도 않겠다고 결의했던 사람도 있었다.

배교의 시대에도 이런 모습을 종종 보게 된다. 그렇게 헌신하던 성도가 누군가의 말을 듣고 순식간에 모든 직분을 포기하기도 한다. 열심히 하는 것처럼 보이던 성도가 자신의 뜻대로 교회가 움직이지 않으면 점차 방관자가 된다. 교회의 영광은 무너지고 열정적인 성도의 숫자는 점점 줄어드는 것처럼 보인다.

하지만 한 가지 분명한 것은 주님이 오실 때까지 교회만이 희망이라는 것이다. 주님은 이 땅의 어리석은 자들을 구원하셔서 교회로 모으셨고, 그 교회를 통해 주님의 일을 하신다.

중국에서 온 선교사님은 매주 월요일, 서울에서 대구 정도의 거리를 버스 타고 내려가서 가난한 환경 가운데 있는 신학생들에게 성경을 가르쳐 주신다. 쥐가 득실거리는 숙소에서 머물며 강의하고 수요일 오후 다시 버스를 이용해 집으로 오신다고 했다.

베트남에 보내던 선교비를 중단했던 안수 집사는 고백하듯 이야기했다.

"지금은 절대 그러지 않습니다. 앞으로도 절대 그렇게 하지 않을 것입니다!"

오늘날과 같은 혼탁한 세상에도 아직 교회를 신실하게 섬기는 성도들이 남아 있다. 우리도 이들처럼 거룩한 소망을 품고 살았으면 좋겠다. 똑똑하게 사는 사람이 되기보다는 주님 앞에서 거룩한 바보가 되기를 바라는 소망 말이다.

시골 목사의
넉넉한 웃음

　　지난 주, 20년 전에 같이 신앙생활 하던 청년들을 만났다. 청년부 때 전임 회장이었던 친구와 나, 그리고 내 후임으로 회장을 했던 친구가 목사가 되어 만난 것이다. 20년이 넘는 세월이 흘렀지만, 친구들은 아직도 순수함을 간직하고 있었고 각자 열심히 목회하는 것 같아 감사한 마음이 들었다.

　　제천에서 목회하는 친구는 1964년에 개척한 교회의 10대 목회자이다. 그는 시골에서 아름다운 목회를 하고 있었다. 그 친구와 대화를 나누다가 요즘 가끔씩 서울중앙병원에 올라온다는 이야기를 들었다. 이유인즉, 처남이 신장 이식을 해야 되는데 처남의 친형이 수술 전날 어디론가 숨어버린 것이다. 친구가 여러 가지 검사를 통과해 처남에게 신장 이식을 해주었고, 가끔 검진하러 서울로 올라온다는 것이다. 그 친구의 처남은 친구에게 못된 소리도 많이 하고, 심지어는 때리기까지 했다고 한다.

나는 그 이야기를 듣고 화가 나서 그런 처남한테 왜 신장까지 떼어 주느냐고 했지만 친구는 자신이 해야 할 일을 했을 뿐이라며 넉넉한 웃음을 지었다. 성도들이 때로는 말도 안 되는 트집을 잡기도 하지만 그래도 사랑으로 그들을 섬기는 친구의 모습을 보며 나는 한없이 부끄러웠다.

친구는 헤어질 때 옥수수와 감자를 우리에게 선물로 안겨 주었다.

"차가 컸으면 더 많이 담아드렸을 텐데요."

친구에게서 시골의 정과 최선을 다할 때 누리는 아름다운 자부심을 느낄 수 있었다.

종자돈 1억 만들기, 재테크, 노후 보장……. 이러한 공격적인 단어가 난무하는 이 시대에 친구의 모습은 나에게 또 다른 가르침을 주고 있었다. 기발하고, 능력 있고, 약삭빠르게 이 세상을 살진 못하더라도, 묵묵히 자신의 길을 걷는 이의 위대함 말이다.

지금 우리에게 필요한 것은 세상 사람들이 고민하고 염려하며 얻기 원하는 넓은 길이 아니다. 주님이 원하는 길을 걷겠다고 결단하는 마음을 가진 한 사람이 귀하다.

통역하는 집사

      일 년에 한두 차례 중국에 가서 신학생들에게 강의하는 백대현 목사가 이번에는 아주 특별한 일이 있었다며 생생한 간증을 들려주었다.

  중국에 나가 강의할 때 모이는 한족 신학교 학생은 60여 명 정도 된다. 그들은 전문적인 신학 교육을 받은 이들이 아니다. 교회에서 은혜받고 조금 열심히 한다 싶으면 전도사로 임명해서 개척하게 한 모양이었다. 그런데 뜻밖에도 이들 중 한 명이 서너 개의 교회를 담임하고, 많으면 일곱 개의 개척교회를 시작해 지금은 천여 명의 성도를 섬기는 목회자도 있다.

이들을 섬기는 한국 목사가 두 달에 한 번 일주일 동안 집중해서 신학 교육을 하는데 그때 통역하는 집사가 한 명 있다. 그는 한국 사람으로 북경대를 나와 봉제 사업을 하는 분이었다. 그는 신학생이 두 달에 한 번씩 일주일동안 교육받을 때 온전히 참석해서 통역하기 때문에 정작 자신의 사업에 소홀하게 되었다. 그러다가 사업이 망하고 말았다. 백대현 목사가 중국에 강의하러 갔을 때 그 집사는 조용히 상담을 요청했다. 사업이 망해 남은 것도 없고, 가족들은 한국으로 들어가자고 하는데 어떻게 하면 좋은지 막막했던 것이다. 그때 백 목사는 이렇게 대답했다.

"집사님이 한국으로 들어가면 통역은 어떻게 합니까! 저 60여 분의 목회자들은 앞으로 어떻게 해야 하나요. 그분들이 섬기는 교인이 만여 명은 될 텐데, 그 성도들은 정말 어떻게 합니까. 대신 통역할 사람을 붙여 주실 때까지만 이곳에 계시던지, 아니면 다른 길을 달라고 기도해 보세요."

집사에게 그렇게 조언하고 시간이 한참 흘러 다시 중국에 강의하러 갔다. 그런데 사업이 망했다던 집사가 목사들에게 큰돈을 들여 식사를 대접했다. 백 목사는 깜짝 놀라서 "아니, 떼돈이라도 버셨어요?" 하고 물었더니 "네!" 하고 대답하며 그간 있었던 일을 간증했다.

백 목사와 상담한 뒤, 그 집사의 아내는 대신 통역할 사람이 구해질 때까지 기도하며 기다리자고 했다. 그런데 기다리는 동안 먹고 살아야 하니, 친정에서 돈을 융통해 인테리어를 하고 한국 동대문에서 옷을 떼다 파는 일을 시작했다. 그런데 그즈음 '별에서 온 그대'라는 TV 드라마가 중국에서 큰 인기를 끌었다. 중국 사람들은 배우들의 옷, 선글라스 등 한국 글자만 들어가면 몽땅 사갔다. 중국 사람들의 쇼핑 스타일은 우리나라 사람들처럼 하나, 두 개 고르는 게 아니다. "여기서부터 저기까지 다 주세요" 하는 식이라 6개월 만에 빚을 다 갚고, 경제적으로 넉넉하게 되어 식사를 대접한 것이다.

집사의 간증을 들으면서 "역시 주님은 멋진 분이구나. 우리가 주님의 일을 순전함으로 감당하면 주님이 내일도 멋지게 채워 주시는구나!"라는 것을 새롭게 느끼는 시간이었다.

신앙생활은 약은 마음으로 하려는 생각과 싸우는 것임을 다시금 깨닫게 되었다. 나 역시 믿음의 선한 싸움을 싸우며 목회하겠다고 다시금 다짐한다.

믿음의 길

예전에 80세가 넘은 노모가 손자를 힘겹게 돌보는 모습이 TV에 방영된 적 있다. 자신의 몸 하나도 건사하기 힘든 노모는 손자들을 정성껏 돌보았다. 손자들은 할머니의 품에서 엄마의 부재를 느끼지 않고 잘 살아가고 있었다. 할머니는 파지를 주워 생활하셨고 손자들은 학교에서 돌아오면 손수레를 밀며 할머니를 도왔다. 야단치고 장난하며 손자들을 돌보던 할머니는 "내 인생의 마지막 숙제여! 이 녀석들이 조금 더 크도록 내가 살아 있는 것이"라고 말했다. 손자들이 아직 어리기 때문에 아파도 안 되고, 쓰러져서도 안 된다. 죽을 수도 없다. 인생의 마지막 숙제를 마치기 전까지는 말이다.

어느 날 미국 예일대학교에서 신학을 공부하는 장학봉 목사의 아들이 전화했다.

"아빠는 올해 목회 몇 년째예요?"

"26년째 목회하고 있지. 왜?"

"정말 존경스러워서요!"

자신이 공부하면서 한인교회 전도사로 1년 넘게 사역 중인데, 그동안 여러 사람을 만나면서 '이렇게 다양한 성도와 어떻게 목회를 하나?'라는 마음이 들었다고 했다. 자신의 아버지이자, 26년 동안 한 교회에서 목회하고 있는 장학봉 목사가 그 순간 너무나 크게 느껴진 모양이었다.

목사도 성도도 한 교회에서 20여 년 이상 한결같은 모습으로 섬긴다는 게 보통 일이 아니다. 한 가정을 이룬 부부가 20여 년 넘게 함께 사는 게 쉬운 일이 아닌 것처럼 말이다. 남편이나 아내나 함께 겪어낸 일들이 얼마나 많겠는가?

오죽하면 사도 바울이 "사도의 표가 된 것은 내가 너희 가운데서 모든 참음과 표적과 기사와 능력을 행한 것이라"(고후 12:12) 하고 말하며 자신의 사도된 표 중 첫 번째가 모든 참음이라고 말했겠는가?

내가 수고를 넘치도록 하고 옥에 갇히기도 더 많이 하고 매도 수없이 맞고 여러 번 죽을 뻔하였으니 유대인들에게 사십에서 하나 감한 매를 다섯 번 맞았으며 세 번 태장으로 맞고 한 번 돌로 맞고 세 번 파선하고 일주야를 깊은 바다에서 지냈으며 …… 또 수고하며 애쓰고 여러 번 자지 못하고 주리며 목마르고 여러 번 굶고 춥고 헐벗었노라(고후 11:23-27)

80세 넘은 노모가 마지막 숙제를 하듯이, 말로 할 수 없는 어려움과 고통을 당해도 믿음의 길을 걸었던 바울과 같이, 그렇게 무조건 참아 내며 오늘 내가 갈 길을 걷는 것이야말로 진정 믿음의 길을 가는 것이다. 그 길을 잘 걷기 소원하는 이들에게 나는 이렇게 말하고 싶다.

신앙생활을 잘하는 거요? 무조건 참는 것이다.
좋은 가정을 만드는 거요? 무조건 참는 것이다.
좋은 교회를 만드는 거요? 무조건 참는 것이다.

좋으신 하나님

내가 어릴 적엔 겨울에 눈이 참 많이 내렸다. 눈이 많이 오던 날 연을 만들어 날린 기억이 있다. 길을 힘껏 달려서 연을 머리 위로 날렸는데 눈이 어찌나 많이 내리던지 그 눈에 닿아 연이 망가져 버렸다. 눈이 많이 오고, 무척 추웠지만 아무리 겨울이 길어도 봄이 오지 않은 적은 한 번도 없었다. 어김없이 봄은 찾아왔고, 찬란함과 황홀함으로 우리 모두를 따뜻하고 풍요롭게 해주었다.

개척하고 20년이 지나는 동안 내가 얻은 결론은 하나님이 참 좋으신 분이고, 지금도 여전히 우리를 보살피고 계신다는 사실이다. 주님을 만나고 얼마 뒤, 산에서 홀로 기도할 시간이 있었다. 토요일 밤 11시쯤이었을 것이다. 깊은 가을, 막 겨울이 시작될 무렵이었다. 산에서 홀로 기도하는데 갑자기 무서운 생각이 들었다. 산에서 무서움을 느낀 것은 그때가 처음이었다. 무서우니까 기도도 나오지 않았다. 눈을 감고 있으면 뒤에서 누군가가 확! 덮치는 것 같았다. 작은 바람 소리에도 머리카락이 바짝 서는 것만 같았다. 비 맞은 생쥐마냥 엎드려 "주여! 주여!" 하고 작은 소리로 외치며 덜덜 떨고 있었다. 그때 하늘에서 음성이 들렸다.

"강하고 담대하라! 두려워 말고 놀라지 말라!"

크지도 작지도 않은, 여자도 남자도 아닌 조용하지만 부드럽고 단호한 음성! 내 평생에 처음으로 듣는 음성이었다. 그 순간부터 어찌나 큰 용기가 생기는지 호랑이가 앞에 떡! 버티고 있어도 덤빌 수 있을 것만 같았다.

이상하게도 그 이후 나는 어려운 일이 생기면 내 안에서 강철보다 더 강한 힘이 생기는 것 같았다. 아무리 어려운 일이 있어도 주님은 기가 막히게 역사하시는 모습을 보았다. 그래서 목회는 "내가 하는 게 아니고, 주님이 하시는 거구나! 주님이 원하시는 대로 하려고 애쓰면 나머지는 주님이 도와주시는 거구나!" 하는 확신이 들었다.

물론 지금도 내 욕심과 주님의 뜻에 순종하려는 마음이 자주 싸우는 연약한 목회자다. 하지만 주님은 나의 부족함과 상관없이 언제나 멋지게 역사하셨다.

"내 인생, 이 시점에서, 이 일이 꼭 필요하기에, 좋으신 주님이 허락하신 거다!"

이렇게 생각하면 힘들고 어려운 시간 속에서도 "감사합니다!"라는 고백을 할 수 있다. "감사? 말도 안 돼요!"라는 마음이 드는가? 그래도 한번 해보자. 억지로라도 해보자. 주님은 좋으신 분이다. 캄캄한 길을 걷는 지금도 여전히 우리를 보살펴 주신다.

보석 같은
사람

개척하고 얼마 안 돼 교회가 지하에 있을 때였다. 어느 주일에 기가 막히게 예쁜 여 성도가 등록했다. 척! 봐도 지적이고 품위가 있어 보였다.

나는 속으로 이렇게 생각했다.

"이런 분이 주일에 교회 앞에서 안내로 봉사하면 교회가 업그레이드가 될 거야!"

그런데 그분이 등록한 바로 그 주일날, 같이 등록한 다른 성도 집에 찾아가서 300만 원을 빌려 도망갔다. 나중에서야 그분이 사기 전과가 몇 번 있는 여자라는 걸 알게 되었다.

예전에 우리 교회에는 대표 기도 할 때마다 여 성도들의 가슴을 울렁이게 만드는 남자가 있었다. 시인이기도 하고, 대학교에서 국문학 강사로 활동한 분이었으니 얼마나 글을 잘 썼겠는가! 기도만 하면 성도들이 설교보다 더 큰 은혜를 받는 눈치였다.

언젠가 한 성도는 내게 와서 이렇게 물었다.

"목사님, 어떻게 저분처럼 기도할 수 있을까요?"

그런데 그 사람이 우리 교회에 사기를 쳐서 2,400만 원을 갖고 도망가 버렸다. 마지막에 나를 만나 한다는 말이 "목사님! 배신의 아픔을 드려 죄송합니다!"였다.

그때 나는 깨달았다. 세월이야말로 그 사람의 진가를 제대로 알게 한다는 것을 말이다. 시간이 지날수록 믿음이 가는 사람은 진짜 보석 같은 사람이다.

언젠가 친구가 열심히 봉사하는 자기 교회 성도를 우리 교회에서 간증하게 해달라고 넌지시 부탁했다. 나는 그 성도가 그렇게 봉사한 지 얼마나 되었느냐고 물었다. 그러자 3년이 안 됐다고 했다. 그래서 나는 10년 후에 다시 오라고 했다.

못생긴 나무가 산을 지킨다는 말이 있는 것처럼, 처음에는 이름이 무엇인지도 잘 모르던 성도가 한 해 한 해 조금씩 교회와 함께하면서 어느새 든든한 동역자로 내 곁에 서 있는 것을 보게 된다. 그러면 나는 속으로 이렇게 생각한다.

"아! 나에게 이 성도가 언제 이렇게 중요한 존재가 되었을까?"

은사를 따라 교회와 동역하는 아름다운 지체들에게 변함없는 주님의 은총이 있기를 기도한다. 비록 화려하지 않더라도, 누가 알아주지 않아도, 자신의 존재에 충실한 분들에게 은혜가 있기를.

떡볶이 집
할머니

수련회 마지막 예배를 마친 밤 11시, 부랴부랴 차를 몰아 안성 수양관에 도착했다. 잠시 눈을 붙이고 일어나 예배를 인도한 뒤 강사실에 들어갔다. 잠시 뒤 그 교회 권사님 한 분이 들어오셔서서 에어컨 헌금으로 400만 원을 쾌척하셨다. 그런데 갑자기 그곳 목사님이 그 권사님을 붙들고 우는 것이 아닌가! 당황스러웠지만 함께 기도를 드렸다. 권사님이 나가자, 목사님은 자신이 울음을 터트린 사정을 말했다.

그 권사님의 남편은 가정 돌보지 않고 방탕한 생활을 했다. 그래서 권사님이 가족의 생계를 책임져야 했다. 권사님이 그 교회에 처음 등록한 때는 보증금 200만 원에 월세 16만 원짜리 좁은 방에 살며 노점에서 떡볶이 가게를 꾸리고 있었다. 그렇게 어려운 형편 중에도 교회가 건축할 당시, 의자를 헌물하겠다고 나서서 모두 말렸다고 한다. 모두의 만류에도 불구하고 권사님은 주님이 내린 은총을 보답해야 한다며 교회에 의자를 헌물하셨다. 그러한 마음을 주님이 아셨는지 하나님께서는 권사님에게 큰 은혜를 내리셨다.

그 후, 떡볶이 가게가 얼마나 잘되는지 사람들이 줄을 서서 사 갈 정도였다. 교회에 의자를 헌물하느라 쓴 카드 할부금을 3개월 만에 다 갚고, 교회가 어려울 때마다 늘 함께하셨다. 나이가 들어 예전만큼 떡볶이 가게의 일이 잘 되진 않지만 권사님은 지금도 교회를 돕는 데 주저하지 않으셨다.

권사님은 교회 본당에 에어컨이 없어 땀 흘리며 기도하는 성도들을 보는 게 마음에 걸렸는지 에어컨을 헌물하셨다. 목사님은 개척할 때부터 지금까지 한결같은 마음으로 교회를 섬기는 권사님의 모습에 감동하여 눈물을 흘렸다. 한평생 묵묵히 교회를 사랑하는 권사님의 순박한 모습은 그야말로 감동이었다. 그들의 사랑을 곁에서 보는 것만으로도 마음이 부자가 된 것 같았다. 집에 오는 길이 참으로 행복했다.

2

거룩한
바보들의 꿈

성만교회 이야기

이야기
둘

선한 싸움

부천시 원종 종합 시장 플래시모브
2013년 12월

진지한 신앙
즐거운 생활

"목사님! 그냥 행복하고 감사한 맘이 넘쳐 문자 보냅니다. 성만교회에서 자유로운 신앙생활을 하는 것 같아 늘 기뻐요. 목사님 잘 만나서 그렇겠죠? 하하. 감사합니다."

지난 금요일 어느 성도가 내게 뜬금없이 보낸 휴대 전화 메시지다. 나는 죽었다가 다시 태어나도 목회자가 되고 싶고, 또 성만교회의 목사이고 싶다고 생각하지만 언젠가부터 제대로 된 목회자로 산다는 게 참 어렵다는 마음이 들었다. 그래서 내가 목회자로 살기에 적합하지 않은 점을 한번 써보았다.

· 언어가 세련되지 못하다.

· 양복보다 편한 옷을 더 좋아한다.

· 틀 속에 있기를 거부하는 성향이 강하다.

· 엉뚱한 결심을 했다가 나중에 후회하는 경우가 있다.

· 진지한 신앙과 즐거운 생활을 말하면서 때로는 즐거운 생활을 더 많이 하는 듯하다.

극동방송에서 전화로 신앙 상담을 하던 때 아내가 "당신은 왜 그렇게 언어가 공격적이고 사람에게 야단을 치느냐"라고 말한 적이 있다. 세상과 성도가 요구하는 목회자에 대한 기준은 높기만 한데, 나는 도저히 그렇게 될 자신이 없기 때문에 덜컥 겁이 났다.

어떤 사람은 "목사는 목이 죽은 사람이다"라고 말했다. 그런데도 나는 여전히 죽지 못했다. 때로는 화가 나서 "욱!" 하고, 제대로 일처리를 못하는 모습을 보면 "아니! 그것도 제대로 못하나?" 하는 마음이 앞선다.

그런 생각으로 가득한 내게 이런 문자 메시지가 온 것이다. 메시지를 본 나는 이렇게 마음먹었다.

"그냥 주님께서 내게 주신 믿음과 능력만큼 하나님과 사람을 섬기는 자리에 서겠다."

누군가는 직접 말하지 못해도 '우리 목사님은 저런 건 없었으면 좋겠는데……' 하는 마음을 갖고 있을 것이다. 또 누군가는 감사한 마음으로 나를 응원하고 있을 것이다. 더 나아가 나를 부르신 주님을 기쁘게 하는 목회를 하고 싶다는 마음이 여전히 가슴에 남아 있는 게 감사할 뿐이다.

계단을 한 번에 두 개씩 오를 정도로 성격이 급한 목회자와 함께 신앙생활 하는 우리 성도들이 '진지한 신앙과 즐거운 생활'이 가능하도록 열심히 섬기는 목회자가 되고 싶다. 이 글을 쓰기가 무섭게 "욱!" 하는 게 또 나올 수 있는 연약한 목회자이지만, 그래도 조금씩 마음 한편을 내주는 믿음의 공동체를 함께 만들어 가기를 오늘도 소망한다.

넉넉함에 대하여

　　　　　　담낭암으로 세상을 떠난 박완서 선생의
에세이 중에《어른 노릇 사람 노릇》이라는 책이 있다.

"두려워하지 말자. 지금 우리가 당면한 어려움은 오십 년대
의 빈곤과는 댈 것도 아니다. 본격적인 어려움이 닥치더라도
배고픈 설움이 다시 있어서야 되겠는가. 마음만 먹으면 일 년
안에 다시 일어날 수 있는 저력이 있다고 다들 자신하는데, 우
리의 진정한 저력은 바로 어려울 때일수록 더 넉넉해지는 마
음이 아닐까. 넉넉한 마음은 돈 좀 있다고 흥청망청 쓰는 허세

나 낭비벽과는 다르다. 어려울 때 더불어 살아남을 수 있는 지혜요, 배려이다. 배고픈 사람에게 밥을 나누는 게 도리지만 실직한 사람에게는 일자리를 주는 게 도리이다. 행복은 성적순이 아니란 말도 있지만 행복은 국민 소득순도 아니다. 경제가 곤두박질을 치고 그 으스대던 만달러 시대가 졸지에 오천 달러로 줄었다고 지레 불행감에 사로잡힐 필요는 없다. 흥청망청 쓰는 것보다 알뜰살뜰 쓰는 게 훨씬 더 살맛이 난다. 돌이켜보면 우리는 가난했을 때 오히려 더 품위 있게 살았다. 가난때문에 자존심이 상하는 일이 없었으니까. 형이나 언니가 다니는 학교에 아우가 들어가 그 교복을 물려 입는 것은 아우가 으스댈 만한 것이었지 결코 기죽을 일은 아니었다. 만약 형의 학교가 명문교일 때 부모는 아우에게 공부 잘하란 소리보다 형 교복 물려 입게 그 학교 가야 한다고 압력을 가하는 건 보통이었다."

"넉넉하다"라는 것은 참 좋은 말임에도 불구하고 요즘 세대에 이런 마음으로 세상을 살기란 녹록지 않아 보인다. 박완서 선생도 남편이 죽고 얼마 후에 서울대학교 의대 다니던 아들이 세상을 떠나 그리 평탄한 인생을 살지 못했다. 그러나 그

분이 말년에 쓴 글은 사람의 마음을 치유하는 넉넉함과 따뜻함이 담겨 있다.

지난 금요일 저녁 구역예배 시간에 청년들이 MT를 간다고 어른들에게 음료수를 하나씩 나눠 주었다. 어른들은 그 음료수를 받으면서 오만 원, 삼만 원, 만 원 등 소리 없이 찬조금을 건넸다. 그렇게 십시일반의 나눔에는 어른들의 마음이 담겨 있었다.

그렇게 떠난 아이들을 살펴 주려고 금요일 철야예배가 끝난 다음 청년부 부장으로 섬기는 박경수 집사와 이강호 권찰, 황창현 집사, 한상호 집사, 허성구 장로와 함께 아이들을 만나러 갔다. 모두 피곤하고 고단한 삶을 사는 분들임에도 불구하고, 아직 마음에 "넉넉함"이 있어 가능한 여정이었다.

어쩌면 교회는 "똘똘하고, 팍팍하고, 이기적인 세대에서 마지막 남은 '넉넉함'을 표현하는 공동체가 아닌가?" 하는 생각이 든다. 박완서 선생의 말처럼 우리 교회의 저력은 "어렵다고 움츠릴 때일수록 더 넉넉해지는 마음이 아닐까?" 하는 생각도 들었다.

'사람 노릇 어른 노릇'은 말로만 되는 게 아니다. 내 믿음과 형편만큼 이웃을 살필 수 있을 때 나타나는 것이 분명하다.

5월의 마음

"섬김을 배우는 하루였습니다. 몸은 피곤하지만 마음은 행복하네요. 성만 패밀리라는 것이 자랑스럽습니다. 늘 목사님을 존경합니다. ○○○ 성도"

"목사님! 오늘도 넘 고생 많으셨어요. 목사님을 만나지 못했다면 이런 행복한 순간은 없었겠죠? 사랑합니다. ○○○ 성도"

지난 목요일 '꿈을 먹고 살지요' 행사가 끝난 뒤 성도들이 내게 보낸 휴대 전화 메시지다. 몸은 피곤하지만 마음은 행복하다고 고백한 성도들의 말이 우리 모두의 마음일 것이다.

11년간 '꿈을 먹고 살지요' 행사를 진행하며 나는 성도들에게 늘 빚진 마음이 있었다. 5월 5일엔 가족과 보내야 하는데 나와 우리 성도들은 가족을 뒤로하고 다른 사람들을 섬기며 보냈기 때문이다. 어느 목사는 "휴일엔 교회 행사를 만들지 않고, 가족끼리 시간을 보낼 수 있도록 해야 한다"라고 하던데 5월 가정의 달이 되면 나의 마음은 성도들에게 늘 미안하다.

그럼에도 우리 지체들은 묵묵히 지난 11년을 버텨 주었고, 이제 그 작은 씨앗이 전국 40여 개의 교회에서 기적처럼 번지고 있다. 한 알의 밀이 땅에 떨어져 죽는다는 건 아마 손해 보고 양보하며 산다는 말일 것이다.

그래서 앞으로도 5월 5일은 우리가 조금 희생하는 날로 보내게 될 것 같다. 한 알의 밀이 땅에 떨어져 썩어졌을 때 놀라운 열매가 맺히는 것이지, "절대 썩지 않을 거야, 희생할 수 없어, 손해 못 봐!" 하고 고집 피웠다면 그 밀은 그대로 있든지, 새나 쥐에게 먹히고 말았을 것이다.

이렇게 생각하니 지난 11년이 너무나도 감사하다는 마음이 들었다. 하지만 지금도 마음 한편에는 여전히 성도들에게 빚진 것 같다. 이것은 나도 어쩌지 못하는 마음이다. 오월이 되면 나의 마음은 참 복잡하다.

목회자의
기쁨

지난주 수요일 밤 11시, 올해 등록한 한 성도가 사무실로 찾아왔다.

"목사님! 지나가다가 목회실에 불이 켜진 걸 보고 불현듯 뵙고 싶어서 들어왔습니다."

그 성도의 한쪽 손엔 과자 봉투가 들려 있었다.

"제가 술을 한 잔 했습니다. 죄송합니다."

나는 목회자로서 술을 마시고 찾아온 성도를 책망하기보다 그저 나를 기억하고 여기까지 와준 게 감사했다. 이 성도는 금요일 새벽 기도 시간에 사회를 보기로 했는데 그때 자신의 이야기를 조금 해도 되겠느냐고 물었다.

"시간이 얼마쯤 걸릴까요?"
"한 1~2분 정도면 되겠습니다."
"그렇다면 사회를 보면서 해도 되겠네요."

그는 자신이 신앙생활을 한 지 6년이 조금 넘었는데 그동안 신앙생활을 적극적으로 하는 아내와 이혼을 생각할 정도로 무척이나 갈등이 많았다고 한다. 그러던 중 우리 교회에서 신앙생활을 하게 됐고, 어느 순간부터 한 발자국만이라도 앞으로 나가자는 마음이 들었다고 했다. 그래서 이제는 더 이상 뒤에만 있지 않고 조금씩 앞으로 나가겠다고 수줍은 고백을 했다. 내게 말하는 집사의 얼굴에 진정성이 보였고, 그 마음이 목회자로서 정말 기뻤다.

오랜 시간동안 신앙적으로 갈등하다가 여러 가지 안타까운 일들이 그의 마음에 있었겠지만, 주님의 은총과 그 아내의 기도로 그에게 조금씩 변화가 일어나기 시작한 것 같았다.

신앙생활이란 주님에게 조금씩 우리 마음 한편을 내드리는 것이다. 내가 주인이 되어 사는 삶에서 조금씩 주님의 은총을 보기 시작하고, 보이지 않는 그분을 인정하는 것이다. 극적인 사건이 삶에 없더라도 그저 조금씩 앞으로 나아가는 삶, 그것이 우리에겐 더 필요한지도 모르겠다.

이름이 없으면 어떠한가? 많은 사람에게 주목받지 못하면 어떠한가? 그저 주님이 허락하신 이 길을 어린아이 같은 걸음이라도 한 걸음씩 나아갈 수 있다면 그것이 이 시대의 또 다른 은총 아닐까?

늦은 밤이지만 강단으로 자리를 옮긴 나는 그 성도 덕분에 무척이나 행복하게 기도할 수 있었다. 목회자의 자리란 이런 성도의 자그마한 마음에 감동해 박수를 보내는 것, 또 그런 은혜를 허락하신 주님께 감사의 고백을 드리는 자리인 것 같다.

우리 교회 구성원들을 가만히 보면 그저 나와 같은 평범한 사람들이 많다. 세상을 허덕거리며 살기도 하고, 가족들 때문에 끌탕하기도 하고, 자그마한 일 때문에 마음 상하기도 하는 평범한 소시민 말이다.

그런 사람들의 공동체를 주님이 우리에게 허락하셨고, 그런 사람들을 성만교회의 지체가 되게 하셨다. 이런 우리들이 조금씩 서로를 격려하며 주님을 향해 걸어가기를 성만교회의 목사로서 간절히 소망한다.

온 맘 다해

타임스 스퀘어 교회(Times Square Church)는
데이비드 윌커슨 목사가 뉴욕 브로드웨이에 있는 부랑아들에
게 전도해 생긴 교회다. 그곳에서 나도 주일 예배를 드릴 기회
가 있었다.

우리 부부를 안내한 자매는 맨하탄에서 화가로 활동하는 사
람인데, 주일에는 타임스 스퀘어 교회에서 오전 10시, 오후 2시,
저녁 6시 이렇게 세 번이나 예배를 드린다고 했다.

그 교회가 시작되면서 인근에 술집, 창녀촌 거리는 문화의
거리로 바뀌었다. 수많은 흑인이 주일이면 깨끗한 옷으로 갈아

입고 예배에 참석하는 놀라운 일이 벌어졌다고 했다.

예배가 시작되기 전 찬양팀이 부르는 찬양은 참으로 은혜로웠다. 전에 《미국식 복음주의를 경계하라》는 책에서 일반 가수가 사람들의 감정만 흥분시키는 것을 조심하라는 글을 보았다. 거기에는 미국의 찬양도 일반 성도들의 감정과 흥미를 유발시킬 뿐이라는 내용이 있었다. 그러나 타임스 스퀘어 교회는 그렇지 않았다.

100여 명 되어 보이는 성가대의 찬양도 은혜로웠지만 더 놀라운 건 그 성가대가 주일 세 번 예배에 모두 참석한다는 것이었다. 저녁 예배 시간엔 성가대 가운만 입지 않을 뿐이지 거의 10여 년간 매주 예배에 참석하고 있었다. 주중에 기도 모임과 성경 공부 모임을 참석하지 않으면 성가대에 설 수 없을 정도로 엄격했다. 그럼에도 불구하고 성가대는 온갖 족속이 다 모여 주님을 온 맘 다해 찬양하고 있었다.

나는 그 모습을 보니 그냥 눈물이 흘렀다. 마치 주님이 내게 이렇게 말씀하시는 것 같았다.

"이 목사! 너는 불신자들을 어떻게 인도할 것이냐?"

참으로 힘든 상황에서도 자신의 삶을 드리는 성도들의 모습을 보며 나의 목회를 점검할 기회로 삼았다. 한국에 돌아와서 매주 목요일에 열리는 전도팀 모임에 처음으로 참석했다. 성도들과 함께 전도하러 홈플러스로 갔는데, 낮이라 그런지 사람들이 눈에 띄지 않았다. 내 짝이던 김현소 전도사와 소사역으로 나갔다. 차를 가지고 가려고 교회에 왔더니 마침 백철용 집사도 교회에 있었다. 무조건 끌고 소사역으로 나가서 전도지를 나눠 주었다. 맨 처음엔 머쓱하더니 이것도 시간이 지나니까 할 만했다.

그런데 전도하는 시간은 왜 그렇게 안 가는지 모른다. 백 집사도 "목사님! 저는 목요일 오전에는 절대로 교회에 오지 않을 겁니다"라고 웃으며 말했다.

전도지를 다 나눠 주고 돌아오는데 발걸음이 가벼웠다. 목사로서 전도하는 게 당연한 일이지만, 사실 나는 아직도 어렵기만 하다. 하지만 계속 전도할 생각이다. 이게 내가 가야 할 길이기 때문이다.

타인의 흠집

"인간이 아주 저열해지면 타인의 불행을 기뻐하는 것 외엔 아무 흥미도 갖지 않게 된다."

괴테는 이렇게 말했다. 죄인의 속성 중 하나가 다른 사람이 잘못되는 것을 보며 느끼는 쾌감이다. 잘 나가는 사람을 보면 칭찬하기보다 시기심이 먼저 발동된다. 혹 그러다가 그 사람의 조그마한 흠집이라도 발견되면 벌떼처럼 달려든다. 그래서 흠집 내기에 혈안이 된다.

이 사회는 누군가 잘하면 정말 잘한다고 격려하는 분위기가 아니다. 박찬호 선수가 공을 잘 던져도 칭찬할 줄 모른다. 박지성 선수가 유명 프로팀에서 잘 뛰어도 칭찬하지 않는다. 이런 사회라면 누구나 나서는 걸 꺼릴 수밖에 없다. 그저 복지부동하는 것이 가장 잘하는 일이지, 괜히 나섰다가 매를 맞을 필요가 없다는 인식이 팽배해진다.

1992년, 우리나라에는 종말론자들이 휩쓸고 지나갔다. 굉장히 큰 후유증을 남겼다. 미국에도 종말론자들의 문제가 우리나라처럼 커다란 이슈가 된 적이 있다. 우리나라에서는 다 때려죽일 놈들이었지만, 미국 사회는 그들에게 "고맙다, 너희들 때문에 내 신앙을 다시 한 번 점검하는 기회가 되었다. 너희들의 종말론은 틀렸지만, 나태해진 내 신앙에는 유익한 시간이었다"라고 말하는 분위기였다고 한다.

누군가 조금만 잘못하고 허점을 보이면 그걸 붙잡고 딴지 걸거나 말꼬리를 잡는 사회 분위기가 점차 확산되는 것 같아 마음이 쓰인다. 그런 부패한 마음이 아니라 누군가를 격려하고 위로하는 마음을 갖고자 애쓰는 우리가 되기를 소망한다.

어느 목사의
한마디

　　　　와그너 성장연구원에서 주최하는 목회
자 세미나에 다녀왔다. 2백여 명의 목사들이 함께 모여서 고민
하고 연구하는 자리였다.

　내게 주어진 시간은 90분이었고, 준비한 원고에 따라 강의
했다. 강의가 거의 끝날 무렵, 어느 목사가 내게 질문했다.

　"목사님! 여기 계신 목사님들은 출석 교인이 대부분 30~50명
입니다. 저희보다 성도가 많은 교회를 목회하는 목사님께서
30여 명의 성도가 모였을 때는 어떻게 목회했는지를 말씀해

주셨으면 합니다."

그동안 몇 번 목회자 세미나에 강사로 나갔지만 그런 질문은 한 번도 받아본 적이 없어서 얼마나 당황했는지 모른다. 지금 그분들의 처지가 얼마나 어려운지 제대로 헤아리지 못해 당혹스러워하며 나머지 시간을 마무리했다. 그래서 그런지 강의를 마치고도 영 마음이 개운치 않았다. 언젠가부터 그런 목회자 세미나에 강사로 나서면서 나는 소위 성공한 목사고, 세미나에 참석한 다른 목사들은 나와 다른 분들로 생각하는 게 아닌가 하는 생각이 들어서였다.

나는 세미나에 참석하면 그들과 다르게 식사했고, 명찰도 강사 표시가 되어 있었다. 그분들이 세미나 장소에서 모여 대화를 나눌 때, 나는 목회실이나 접대실에서 세미나를 주최하는 분들과 함께 자리했다. 그러고서 막상 강의 시간이 되면 그들은 경청하는 자리에, 나는 말하는 자리에 섰다. 강의를 끝내고 돌아오는 차 안에서 나 혼자 끌탕했다.

"교만한 이 목사야! 네가 언제부터 성공한 목사들의 자리에 끼었는가! 그들의 아픔을 네 아픔처럼 여기고, 정말 겸손함으로 주님의 은혜를 간증했는가! 아니면 네가 성공한 것처럼 자랑해서 그분들을 기죽게 만들었는가! 네가 한 강의에 얼마나 많은 목사님들이 '그래! 저 강사로 나선 목사도 별것 아니구나, 나도 하면 되겠구나' 하고 용기를 얻게 했는가!"

이런 생각하니 가슴이 답답하고 울고 싶었다. 만약 주님이 내게 또다시 이런 기회를 주신다면 좀 더 겸손하게 그들에게 나의 실패를 말할 셈이다. 나의 미련한 약점들을 다 말할 참이다. 그리고 주님의 은혜가 너무 컸음을, 우리 목회자들이 주님의 은혜에 붙들리기를 사모하자고 간청할 셈이다. 그 목사의 질문이, 아직 철없고 교만한 나를 깨우게 한 것 같다.

교회의 모델

요즘은 건강에 대해 말할 때 육체적인 것만을 이야기하지 않는다. 자신과의 관계 즉 건강한 자아상도 중요하다. 특히 다른 사람과 건강한 인간관계를 맺고 있는지, 하나님과 올바른 관계를 맺고 있는지 묻는 시대가 되었다.

교회도 한동안은 부흥을 외치는 시대가 있었다. 교회 성장 세미나가 유행을 타기도 했다. 그곳에서 배운 방법으로 교회를 세워 나가자 문제점이 생겼다. 그래서 다시 제자 훈련으로 교회를 세우기 시작했다. 물론 성경을 배우고 가르치는 것은 좋지만 결과적으로 지식은 사람을 교만하게 하는 것 같다.

제자 훈련을 많이 받은 성도들은 가는 교회마다 문제를 일으키거나 교만함으로 목회자들을 가르치려 했다. 이 모습을 보고 목회자들이 '제자 훈련에 섬김이 함께하지 않으면 얼마나 위험한가?'에 대해 깨달았다. 다시 삶을 변화시키고 사람을 변화시키는 능력은 오직 성령님께 있음을 확신하며 성령 운동을 하는 교회가 많이 생기기 시작했다.

요즘 교회 성장이나 제자 훈련에 대해 말하는 것도 주춤해졌다. 제자란 공부해서 만들어지는 것이 아니다. 성령과의 인격적인 만남을 통해 사람이 변화된다. 그래서 "이제는 본질로 승부할 때가 왔다!", "본질에 충실한 자가 성공한다!"라는 것을 교회가 알게 되었다.

요즘은 교회마다 '건강한 사역자와 바람직한 교회의 모델이 어디 있을까?'를 찾고 있다. 하지만 분명한 사실은 하나님이 각자에게 주신 은사대로 사역해야 한다는 걸 발견할 뿐이다. 즉 '목회자 개인의 은사가 무엇인가?, 교회의 주변 상황은 어떠한가?, 교인들의 성향은 어떠한가?, 교회의 전통은 무엇인가?' 등이 고려되지 않은 목회 계획은 별 효력이 없다. 목회자가 원칙을 바로 세우고 목회의 본질에 충실해야 하는 것처럼, 성도들은 자신의 은사가 무엇인지, 어떤 모습으로 섬겨야 하는지에 대해 다시 한 번 생각해 볼 일이다.

이 세대에는 대다수의 사람들이 예수의 일에는 관심이 없고 자기 일에만 관심이 있다고 탄식했던 바울의 목소리가 들리는 것 같다. 우리가 맡은 직분에 충실하게 임하고, 이웃을 향해 따뜻한 마음으로 다가가는 아름다운 그리스도인이 되기를 조용히 기도해 본다.

거룩한 바보들의 꿈

믿음 좋은
사람이란

　　　　육신적인 그리스도인은 "무엇을 가질
까?"에 관심이 많고, 주님을 섬기기 원하는 그리스도인은 "무
엇을 할까?"에 신경을 쓰지만, 주님은 우리가 "어떤 존재가
될까?"에 중심을 두신다.

　무엇인가를 많이 가지는 것보다, 주님을 위해서 큰일을 하는
것보다, 주님 앞에서 더욱 중요한 것은 "어떤 사람이냐? 어떤
존재인가?" 하는 것이다.

　얼마 전 안양에서 제일 큰 교회를 담임하는 목사와 식사할
기회가 있었다. 그분은 누구나 "인간 승리!"라고 할 만큼 연약

한 몸으로 최선을 다해 목회하는 분이다. 가끔 그분과 함께하면서 나는 목회에 대해 많은 것을 배운다. 큰 교회 담임 목사가 내게 "이 목사님! 제가 아무리 큰 목회를 한다고 할지라도 주님이 놀라시겠어요?"라고 물었다.

그 질문은 목사님 자신에게 하는 질문이자 내게 하는 질문이기도 했다. 사실 우리가 아무리 큰일을 해도 주님이 그 일 때문에 놀라시겠는가? 다 주님이 주신 능력과 힘으로 하는 것뿐이기 때문이다.

전에 어떤 분에게 "도대체 믿음이 좋다는 건 뭐죠?"라는 질문을 받은 적이 있다.

믿음이란 눈에 보이는 게 아니어서, 딱히 "이것이다"라고 말하기 곤란한 부분이 있다. 많은 성도에게 일률적으로 무엇을 적용해서 믿음에 대해 평가할 수 있겠는가. 사실 정확하게 내세울 것이 없기 때문에 대부분의 교회는 주일 성수, 십일조, 봉사 등을 믿음의 가늠자로 쓰기도 한다.

하지만 내가 목회하면서 느끼는 것은 믿음이 좋다는 건 가장 가까이에 있는 사람들에게 긍정적인 평가를 받는 것이다. 교회에선 얼마든지 자신을 멋지게 꾸밀 수 있다. 사람 앞에서 그럴듯하게 꾸밀 수 있는 것이다. 그런데 늘 같이 있는 사람들 앞에서는 지속적으로 뭔가를 꾸미는 게 불가능하다.

나도 목회자로서 성도들이나 가끔 만나는 사람들 앞에서는 얼마든지 꾸밀 수 있다. 그런데 집에 돌아가서는 그렇게 하지 못한다. 하루 이틀도 아니고 어떻게 날마다 꾸미고 살겠는가? 우리 성도들도 교회, 직장, 사업장에서 시간이 지날수록 "아! 저 사람은 참 좋은 분이야"라는 말을 많이 듣기 원한다.

시간이 지날수록 여러 가지 일을 함께 경험하고 가까이 지내면서 "참 괜찮은 분이구나" 하는 마음이 들면 그는 정말 믿음이 좋은 사람이다.

사랑에
헌신하는 교회

       안산에서 목회하는 고훈 목사의 홈페이지에 일제 시대에 대한 이야기가 하나 실려 있다.

    어느 목사가 한 성도의 가정을 방문했다. 식량은 공출미로 다 빼앗기고 조금 숨겨 놓은 쌀로 식사를 준비해 목사를 대접하자 그 집 다섯 살 난 아들이 울며 떼를 썼다.

"엄마! 나도 밥 줘. 나도 밥 줘."

"목사님이 드시고 남으면 줄게."

하지만 그 목사 역시 허기진 터라 조금 있는 밥을 물에 말아다 먹었다. 그 장면을 문구멍으로 들여다보던 아이는 "엄마! 목사님이 물에 다 말아 먹었어" 하고 울었다. 엄마는 옷고름으로 우는 아이의 입을 틀어막고 밖으로 나가 달랬다는 이야기다.

우리들의 어머니는 밥은 못 줘도 신앙으로 키우길 소원했고 그런 아이들이 자라 한국교회와 사회를 이만큼 성장시켰다. 하지만 지금은 학원, 공부, 대학 등 여러 가지 문제가 신앙보다 앞자리에 있는 것 같다. 이렇게 자라면 "정말 예수 그리스도만이 우리의 구주이심을 고백하는 아이가 몇이나 될까?" 하는 마음이 들 정도다.

주님은 작은 마음을 모아 성만교회를 건축하게 하셨다. 나는 우리 교회 성도들이 편하고 쉬운 길만 찾는 세대에서 고집스럽게 "예수님만이 진리이시다" 라는 사실을 고백하며 순교했던 믿음의 조상들처럼 살기를 바란다.

그리고 또 하나 사랑에 헌신하는 교회가 되기를 바란다. 반목과 대립에서 벗어나 우리가 받은 은혜만큼 우리 이웃과 나누며 사는 모습이야말로 주님이 우리에게 바라는 교회의 모습이 아닐까 생각한다.

진리를 고집하고 사랑에 헌신하는 교회! 진리는 바로 예수 그리스도임을 고집스럽게 고백하고, 외롭고 힘든 이에게 따뜻한 미소와 격려의 손을 내미는 우리가 되기를 소망한다. 주님이 여월동에 우리 교회를 세우신 이유는 흔들리는 세대에서도 진리를 고집하고 사랑에 헌신하기를 진정 원하시기 때문 아닐까.

사랑에 대하여

바울이 사랑을 정의하면서 가장 처음 한 말이 이것이다.

사랑은 오래참고 사랑은 온유하며 시기하지 아니하며 사랑은 자랑하지 아니하며 교만하지 아니하며 무례히 행하지 아니하며 자기의 유익을 구하지 아니하며 성내지 아니하며 악한 것을 생각지 아니하며 불의를 기뻐하지 아니하며 진리와 함께 기뻐하고 모든 것을 참으며 모든 것을 믿으며 모든 것을 바라며 모든 것을 견디느니라(고전 13:4~7)

사랑이란 감정이 아니다. 나보다 상대방의 유익을 위하는 행동이다. 얼마 전 우연히 〈세상에 이런 일이〉라는 TV 프로그램을 보았다. 거기에 정말 해골처럼 생긴 아주머니가 등장했다. 오랫동안 질병을 앓은 흔적이 역력했다. 마흔이 조금 넘은 그분의 남편은 오십대 초반의 난장이었다. 남편은 가전제품을 수리하는 전파사를 운영하고 있었다.

그런데 그들의 사랑이 정말 '장난'이 아니었다. 온몸이 마비되고, 눈도 잘 보이지 않고, 귀도 잘 들리지 않는 아내를 위해 남편은 매일 밥을 짓고, 뼈다귀만 남은 몸을 깨끗이 씻기고, 고름이 나오는 발과 손을 소독하며 간호했다.

요즘 세대가 말하는 사랑이란 무엇인가? 사랑을 자신의 이기적인 욕구를 채우는 것으로 이해한다. 그런데 성경은 그런 감정은 사랑이 아니라고 말한다. 대부분 가정에서 일어나는 갈등과 어려움은 모두 잘못된 사랑 때문이다. 자녀가 부모의 유익을 조금만 더 생각한다면, 아내가 남편을 조금 더 배려한다면, 남편이 아내를 좀 더 이해한다면, 지금 우리가 홍역처럼 앓고 있는 많은 갈등이 너무도 쉽게 사라질 것이다. 아내로부터 존경과 순종을 받는 남편은 뭐가 달라도 다르다.

남편으로부터 희생적인 사랑을 받는 전파사 주인의 아내는 정말 세상에서 아무것도 내세울 것이 없는 분이었다. 하지만 그분의 얼굴엔 미소와 감격의 눈물이 있었다. TV를 보면서 그냥 나도 모르게 울컥 눈물이 쏟아졌다.

사랑이란? 자기의 유익을 구하지 않는 것이다. 지금 이 글을 읽고 있는 성도들은 사랑에 대해 어떤 태도와 행동을 갖고 있을까? 나도 목사라는 타이틀은 갖고 있지만, 가정과 교회에서 얼마나 상대의 유익을 생각하며 살았는지 다시 한 번 생각해 보련다.

선한 싸움

서울대학교 소비자학과 교수로 재직 중인 김난도 교수가 있다. 그의 강의는 서울대학교에서 가장 빨리 수강 신청이 마감되는 것으로도 유명하다. 서울대학교 학생들은 그를 '란도샘'이라고 부른다. 그의 책 중에《아프니까 청춘이다》는 2010년 12월에 1쇄를 발행했는데 지금 125쇄 이상 발행되었다.

거기에 "아직 재테크 시작하지 마라"라는 챕터에 이런 글이 있다.

어느 유명한 개그맨의 인터뷰에서 읽은 이야기다. 긴 무명 시절에 뒤따른 경제적 어려움을 얘기하던 중에 한 기자가 이렇게 물었다. "데뷔하자마자 적금을 드는 개그맨은 '뜨지' 못한다는 속설이 있다면서요?" 그러자 그는 "그런 것 같아요"라는 답을 했다. 이 말이 사실이라면 참 신기한 일이다. 왜 신인 때 적금을 드는 개그맨은 뜨지 못할까? 알다시피 적금은 매달 조금씩이라도 일정 금액을 아껴서 종자돈을 만들 수 있는 가장 착실한 재테크 수단이다. 꼬박꼬박 적금을 붓는 사람이라면, 매우 성실하게 자기 관리를 할 확률이 높다. 그런 사람이 왜 뜨지 못한다는 것일까? 꽤 오랫동안 궁리하다가 내린 결론은 "당연하다"는 것, 그 이유는 이렇다. 적금은 약간 무리해서 드는 것이 일반적이다. 조금 더 절약하면서 살겠다는 기특한 각오이고, 앞으로 수입이 좋아질 거라는 막연한 예상도 하는 까닭이다. 하지만 그 불입액을 매달 마련한다는 것은 아직 수입이 적은 사회생활 초년생, 특히 출연 기회가 많지 않은 신인 개그맨에게는 쉬운 일이 아닐 것이다. 신인 개그맨에게는 사실 종자돈보다 연습과 아이디어가 더 중요하다. 그리고 아이디어를 짜고 연습을 하는 데 시간이 더 필요하다. 적금 부을 돈을 마련하려고 행사나 부업에 신경을 쓰는 신인 개그맨은 나중의 성공을 위해 투자할 시간을 가질 수 없게 된다. 그러니 결국 뜰 수 없다. 이것이 적금 드는 신인 개그맨이 뜨지 못하는 이유다. 그에게 종자돈보다 더욱 필요한 것은 자기 미래에 대한 투자인 것이다.

지금 눈앞에 보이는 작은 이익 때문에 진정으로 필요한 것을 놓치게 된다는 말이다. 요즘 〈룻기〉를 묵상하면서 이 글이 더 마음에 와 닿는 것 같다. 당장 눈앞의 이익을 놓지 않으려는 우리의 모습과 하나님 때문에 자신의 이익을 전부 포기했던 룻기에 나온 사람들의 모습이 생생하게 대조되기 때문이다.

신앙이란 무슨 거창한 게 아니다. 당장 내 앞의 이익을 붙잡으려고 애쓰는 자아와, 하나님 때문에 기꺼이 그것을 포기하려는 자아의 싸움이다. 세상에서 치열하게 영적 전투하며 사는 것 자체가 신앙생활이 아닐까? 내 안에는 욕심이 가득하고, 밖엔 유혹이 가득하다.

어제도 오늘도 내일도 우린 그런 상황에 늘 부딪치게 될 것이다. 이제 선택은 우리 몫이다. 자! 오늘도 작은 영적 싸움에 도전하는 우리가 되기를 소망해 본다.

오디션 열풍

　　현시대는 무한 경쟁으로 돌입한 지 오래
다. 과거에는 한 번 농사꾼이 되면 평생 그 농사만 지으면서 살
았다. 직장에 들어가면 한곳에서 정년퇴직하던 시절도 있었다.
그런데 지금은 그렇지 않다. 여기에서 일어나는 일을 전 세계
가 동시에 볼 수 있게 되었다.

　　조선 시대에는 부산에서 서울까지 오려면 한 달을 걸어야 했
지만 이제는 몇 시간이면 충분하다. 간혹 일본이나 중국에 날
아가서 맛있는 점심을 먹고 다시 한국으로 돌아오는 사람도 있
다고 한다. 지구 반대편이라는 단어는 사라진 지 오래다. 지구

는 지리적, 공간적, 시간적으로 제한이 없어진 무한 경쟁의 시대가 된 것이다.

요즘 미국 IT업종에 종사하는 사람들이 해고 문제로 골치를 앓고 있다고 한다. 영어도 되고 전문적인 공부와 훈련을 한 인도 사람들이 미국 사람의 직업을 차지하고 있기 때문이다. 고급 두뇌 집단을 만들어야 한다고 생각했던 인도는 20여 년간 11억 인구 중에 매년 2만5천 명 정도를 IT 인재 집단으로 만들었다. 그들이 지금 전 세계적으로 활약하고 있다. 마이크로 소프트, 인텔, 나사 등 최첨단 회사들은 인도의 인재들을 채용하려고 난리다. 평균 연령 27세 밖에 안 되는 젊은 두뇌들을 견제할 나라가 이 지구 상엔 없는 것이다.

반면 요즘 우리나라에는 오디션 열풍이 불고 있다. 이승기, 유재석, 강호동 등 젊은 연예인들이 사회에서 인기를 끌고, 돈도 많이 버니까 학생들이 너도 나도 연예인이 되려는 것이다. 그 틈에 방송사나 기획사들은 이러한 오디션 행사들을 계속 진행하고 있다.

방송의 위력은 대단해서 TV, 인터넷, 신문 등에서 앞다투어 보도하면 오디션에 몇만 명이 모이는 것은 일도 아닌 것이다.

우리나라 대학생들은 중간고사가 끝나면 술에 취한다. 우리나라 대학생들이 한 달에 한 번 이상 술을 마시는 비율이 85.4%라고 한다. 성인의 음주율은 58.4%이다. 연세대학교에서 축제가 열리면 소주 1만 병 정도가 필요하다고 한다. 맥주는 그 몇 배가 될지 짐작하기도 어렵다. 이런 대학의 풍속도는 우리나라의 일반적인 현상이 되었다.

11억 인구 중에서 2만 5천명을 뽑아 하루 11시간 이상 공부시켜 거대한 두뇌 집단을 만드는 나라가 있는가 하면, 우리 나라는 대학 정문만 나오면 온통 술집으로 가득하다.

이 땅에서 우리가 예수 믿는 사람으로 살아가려면 도대체 어떻게 해야 할까? 우리는 이런 시대에서 어떻게 살아야 할까? 교회는 어떻게 미래를 준비해야 2세들을 철저한 하나님의 사람으로 만들 수 있을까? 주님의 은총과 긍휼만을 간절히 구하게 된다.

소박함과 검소함

LA에서 몇 번째로 큰 교회에 집회하러 갔을 때였다. 그 교회 담임 목사인 신승훈 목사와 같이 식사를 하러 갔다. 식사를 마칠 무렵 신 목사가 갑자기 남은 음식을 싸 달라고 했다. 나는 전혀 생각하지 못한 일이었다.

신 목사는 나를 보고 씩 웃더니 "이 목사님, 이렇게 싸 가면 하루 이틀은 잘 먹어요"라고 했다. 그 다음에 식사하며 유심히 살펴보니, 신 목사는 음식을 먹을 때 아주 전략적이었다. 예를 들면 싸갈 수 있는 음식은 나중에 먹고, 싸가지 못할 음식 중 맛있는 것을 먼저 먹는 식이었다.

그렇게 아끼고 아껴서 그 교회는 재정의 30%를 선교비로 사용했다. 돈이 남아서 악취를 풍길 겨를이 없었다. 신 목사의 삶을 보면서 나는 저절로 성경 말씀이 떠올랐다.

너희 안에 이 마음을 품으라 곧 그리스도 예수의 마음이니 그는 근본 하나님의 본체시나 하나님과 동등됨을 취할 것으로 여기지 아니하시고 오히려 자기를 비워 종의 형체를 가지사 사람들과 같이 되셨고 사람의 모양으로 나타나사 자기를 낮추시고 죽기까지 복종하셨으니 곧 십자가에 죽으심이라.(빌 2:5~8)

자기를 알아달라고 난리치는 세상에서 주님의 겸손을 배운다. 위선과 허영이 판을 치고 모사가 들끓는 세상에서 조금은 소박하게 자신의 삶을 살면서도, 주님의 영광을 위해서라면 과감하게 물질을 사용할 줄 아는 그리스도인이 되었으면 좋겠다.

우리 주위도 참 좋은 그리스도인이 이렇게 많은데 때로는 유명한 사람만 좋은 사람처럼 느껴지니 이것도 안타까운 일이다.

주님의 은혜

20세기 패전국 일본을 경제 대국으로 만들어 세계를 감동시킨 마쓰시타 전기 산업 창업자 마쓰시타 고노스케. 그는 초등학교 4학년 중퇴에, 키가 163cm밖에 되지 않으며, 체중도 61kg을 넘어본 적이 없는 사람이다.

마쓰시타 고노스케는 신입 사원 면접을 보면 반드시 이 질문을 했다.

"당신이 우리 회사에 면접할 수 있도록 준비된 것이 운이 좋아서라고 생각합니까? 아니면 당신의 노력이라고 생각합니까?"

그는 이에 대한 답변으로 "운이 좋았다고 생각하지 않습니다. 유능한 사람이 되려고 많이 노력했습니다"라고 말한 사람은 절대 채용하지 않는다.

반면 "운이 좋았다고 생각합니다"라고 답하는 사람은 채용했다. 그 이유를 묻자 마쓰시다 고노스케는 이렇게 답했다.

"운이 좋았다고 자기 입으로 말하는 사람의 의식에는 '내 힘만으로 된 것이 아니야'라는 마음이 있기 때문입니다."

"나는 부모를 잘 만나서 좋은 교육을 받을 수 있었어."

"나는 상사를 잘 만났어. 나를 믿고 일을 맡겨 주었어."

"나는 정말 운이 좋았어. 부하 직원이 열심히 도와준 덕분에 승진했어. 내 주변엔 나를 도와주는 좋은 사람들이 너무 많아."

운이 좋았다고 생각하는 사람은 반드시 감사하는 마음이 있다. 그래서 당장은 우수하게 보이지 않아도 좋은 인재로 성장할 가능성이 있다고 본 것이다.

"나는 운이 좋았어"라는 말을 신앙적 용어로 바꾸면 "은혜"가 될 것이다. 사실 우리가 노력해서 된 것보다 무조건적인 은혜로 된 것이 더 많다. 부모님, 나라, 형제, 주변 사람들 등은 내

노력으로 된 것보다 주어진 것이다. 오늘 내가 이렇게 존재하게 된 것은 주님의 은혜인 것이다.

이번에 미국에서 안식월을 보내며 하나님의 은혜에 대해 더욱 많은 것을 체험했다. 내가 성만교회의 목사라고 하면 가는 곳마다 환영해 주고, 어찌나 극진하게 대접하는지 모른다. 이 모든 것이 주님이 내게 주신 은총과 은혜라는 마음이 더 깊어졌다. 좋은 장로들, 권사들, 성도들을 만나게 하신 것도 감사한데, 성만교회의 목사라서 이렇게 귀한 대접을 받기 때문이다.

내가 성만교회 목사이기 때문에 은혜를 받은 것처럼, 우리 성도들은 내가 느끼고 감격하는 것 그 이상으로 은총을 누리며 살도록 돕고 싶다.

아이들에게
관대한 사회

휴대 전화를 돌려주지 않는다고 교무실에서 선생님을 때려 전치 8주의 중상을 입힌 고교생이 사회적으로 문제가 된 적이 있다. 사실 학교에선 이런 사건들이 진작부터 있었다고 한다. 교사가 학생을 나무라면 아이들은 "야, 휴대 전화 꺼내서 찍어!" 하며 대응하는 것이다. 심지어 인터넷 생방송 사이트에선 전국 중·고등학교 교실에서 아이들이 선생님 몰래 장난치거나, 춤추는 모습을 생중계하는 경우도 있다고 한다.

가정에서도 부모들은 자녀에게 일을 시키지 않는다. 아이들이 집에서 딱히 할 일도 없겠지만, 주부들도 다 큰 아들딸에게 설거지 한 번 시키지 않는다. 설거지는커녕 자기가 먹은 밥그릇을 싱크대에 갖다 놓는 아이도 거의 없다. 사실 제 밥그릇을 싱크대에 갖다 놓는 일은 유치원생도 할 수 있는데 엄마가 시키지 않는다. 빨래는 세탁기가 한다지만 벗어 놓은 양말과 속옷을 한 곳에 모아두기만 해도 일손이 얼마나 덜어지겠는가.

그런데 아내들은 처자식을 벌어 먹이려고 헉헉거리는 남편에게 가사 노동을 도와주지 않는다고 불평하면서도 정작 자녀들에겐 관대하다. 신앙을 가진 부모도 주일에 아이가 교회 오지 않는데 어쩔 수 없다는 식이다.

아이들이 학교에서 집에 돌아와 숙제하고 남은 시간은 과외 공부를 한다. 아이들이 공부하느라 피곤할 거라는 생각에 조금이라도 시간이 남으면 쉬도록 하거나, 게임을 하도록 해준다. 자녀의 입장에서 이해하려는 것이다.

아이들에겐 관대한 사회가 되었지만 어른들에겐 잔인한 사회가 되어가고 있다. 아이들이 부모에게 이해받을 권리가 있듯이, 어른들도 아이들에게 이해받을 수 있어야 하지 않을까. 남을 배려하고 생각하는 마음은 하루아침에 길러지지 않는다. 그런 마음은 가정에서부터 시작된다.

아이들에게 아버지의 고단함을 이해시키고, 어머니의 노고를 알게 하여, 가족의 일원으로 각자에게 맞는 일을 감당하게 할 때, 사회에 나와서도 사람들과 잘 어울려 살 수 있을 것이다.

사실 이런 글을 쓰는 나도 내 자식을 잘 가르치는 것 같지는 않다. 그래도 밖에서 여러 사람을 만나다 보면 사회성이나 배려하는 마음은 가정에서부터 시작해야 한다는 생각이 든다.

주님이 원하는
교회

부산 세계로교회에서 진행하는 전도
세미나에 다녀왔다. 손현보 목사가 처음 부임해 갔을 땐 설
립한 지 40년이나 지났지만, 장년이 20여 명밖에 안 되는 작
은 교회였다. 손 목사가 청빙받은 지 17년이 지난 지금 세계
로교회는 거의 2,000여 명이 모이는 교회로 성장했다. 내 관
심은 그 교회가 그렇게 성장한 게 아니었다. 시골 교회에서
한 해에 세례 교인이 500여 명이 넘는다는 게 놀라웠다. 마
침 그 교회에서 세미나를 한다고 해서 전도팀, 교구장, 부목
사와 함께 다녀왔다.

세미나에서 손 목사는 성도들과 좌충우돌하며 교회를 만들어 간 이야기를 들려주었다. 손 목사가 부임하고 한 달 뒤였다. 남전도회가 월례회로 모이자 총무가 독특한 발표를 했다.

"우리가 큰 꿈을 안고 5천 원씩 회비를 걷어 강아지 한 마리를 샀는데 지금 ○○○집사님 댁에서 아주 잘 크고 있습니다."

손 목사는 전도회와 강아지가 무슨 상관이 있는지 의아해서 물어보았다.

"강아지를 키워 뭐하려고 하십니까?"
"이번 여름에 장유폭포에서 부부 동반 친목 모임을 갖는데 그때 개를 잡아서 함께 먹고 교제하는 것이 남전도회 주요 사업입니다."

여전도회에서는 김을 팔아 얼마씩 남겨 교회에 필요한 물품을 사고, 목사님 생신도 챙겨 주고 있었다. 개 잡아 먹으며 교제하는 개판교회, 교회를 장사꾼 소굴로 만들어 놓은 밴댕이 속 같은 여전도회……. 한국에 있는 다른 교회와 별반 다를 바 없는 교회를 손 목사와 지체들은 능력 있는 교회로 바꿔 놓은 것이다.

손 목사는 기본적인 것부터 다시 만들기 시작했다. 예배 순서를 불신자가 와도 부담 없는 순서로 바꾸었다. 기존 예배에 있는 순서는 다 있지만 그것을 한곳으로 모아 정말 처음 교회에 오는 사람도 부담 없이 참석할 수 있게 만들었다.

모든 조직은 전도를 중심으로 했다. 전도하지 않는 성가대, 여전도회, 남전도회를 없애버렸다. 도무지 헌신하지 않고 모인 헌금만 가지고 뭔가 하려는 조직은 없애고, 섬김 없이 직분만 갖고 있는 이들은 뒤로 물러나게 했다.

세계로교회는 이제 장로가 15명인데 작년에 장로 부부가 전도한 숫자가 1,000여 명이나 된다. 교회에서 숫자 놀음이나 하고, 폼 잡으려는 이들이 전도자로 변한 것이었다. 목회자는 6년 만에, 장로는 5년 만에 재신임을 받는데, 재신임이 99%가 넘었다.

성만교회가 있는 여월동도 그렇게 큰 단지는 아니지만 하나님은 신도시에 우리 교회를 세워 주셨다. 얼마 전에는 단체로 몇 명의 성도가 왔길래 "그렇게 교회를 돌아다니지 말고, 있는 교회에서 잘 하시라"고 돌려보냈다. 나는 교회를 지어 놓고 거저 오는 성도들을 받아서 꾸리는 치사한 교회가 되는 걸 원하지 않는다.

하나님을 알지 못하는 이들에게 살아계신 주님을 전하는 교회가 되었으면 좋겠다. 주님이 나와 우리 교회 성도들에게 은혜를 주셔서, 이 지역에 꼭 있어야 되는 교회가 되기를 바란다. 주님이 우리의 마음을 아시고 마음껏 사용하는 교회가 되었으면 좋겠다. 이제 그런 바람으로 함께 지혜를 모아 진정 주님이 원하시는 교회를 만들어 가길 소망한다.

새벽 공부하는
아이들

한 모임에서 자연스럽게 우리 교회가 진행하는 새벽 공부에 대한 이야기가 나왔다. 많은 목사들이 관심을 갖고 이야기했는데, 창원에서 목회하는 어느 목사가 전혀 다른 이야기를 꺼냈다.

"사실 저는 우리 아이들이 공부 잘하는 거 원치 않아요. 24년 동안 창원에서 목회하면서 공부 잘하는 아이들을 많이 봐왔지만 모두 서울로 가면 끝이었습니다."

서울 어느 큰 교회에는 그 목사의 교회에서 간 성도가 지금까지 30여 명 정도가 되기도 했다. 그런데 세월이 지나 그 아이들을 보면 신앙생활도 사회생활도 잘하는 아이들이 거의 없다고 했다. 다들 스펙 쌓느라 바쁘게 지내고, 교회생활도 멀리하더니 나중에는 사회에서 겨우 입에 풀칠하는 성인이 되었다. 차라리 조금 공부를 못해도 창원에 있는 아이들은 나름대로 자리를 잡고, 삶도 충실하고, 교회 중직으로 성장했다. 그 목사의 말을 들으니 나름 이해가 되기도 했다.

　현재 우리나라 학교에서는 내신 성적때문에 남을 밟고 올라서도록 가르친다. 가정에서는 남들에게 기죽지 않도록 교육한다. 동료는 투명인간으로 전락하거나 나를 방해하는 장애물일 뿐이다. 유치원에 들어갈 때부터 시작되는 경쟁교육은 '더불어 살아가는 사회'라는 말을 무색하게 만들 뿐이다. 결국 이런 식의 교육은 이기적이고 뻔뻔한 사람을 길러낸다. 아이들이 자라서 사회에 나가 남을 배려하지 못하고, 이웃과 조화롭게 살지 못하는 건 당연한 것 같다.

　우리 교회에는 파자마 토크가 있다. 새벽 공부를 하는 아이는 회비가 면제고, 또 앞으로 일주일에 두 번 이상 공부하러 나온다고 약속하면 회비를 면제해 주었다. 그런데 며칠 전 새벽 공부에 공고 다니는 녀석이 나왔다. 공부할 준비도 안하고 그냥 온 아이에게 "너 약속 잘 지켜. 안 지키면 벌금 5만 원이야"라고 했다.

다른 아이들에게도 이 말은 지나가는 말로 다 했었다. 그런데 대부분의 아이들은 펄쩍 뛰며 그런 돈이 어디 있느냐고 대꾸했다. 그런데 공고에 다니는 그 녀석은 "네, 알겠습니다. 제 전공이 전기거든요. 전공을 살리고 작업도 배우려고 지금 아르바이트하는데, 헌금하는 심정으로 10만 원 넬게요"라고 했다.

돈 이야기만 나오면 펄쩍 뛰는 녀석들만 보다가 교회에서 두각을 나타내는 아이도 아닌데 진정성을 가지고 섬기겠다는 말을 듣고 나는 깜짝 놀랐다.

부모는 내 아이가 공부 잘하고 똑똑한 아이가 되라고 뒷바라지한다. 또 바람대로 똑똑하고 잘난 사람이 되면 부모를 모른 척하고, 약자에 대한 배려가 없는 사람이 되는 경우도 있다. 그저 자신만을 위해 사는 인생으로 끝나는 것이다.

그러나 우리 아이들은 하나님이 주신 지혜로 자신의 삶도 풍성하고, 기꺼이 이웃을 섬기는 자리에 설 줄 아는 멋진 사람으로 성장하기를 기도했다.

장터와 같은
인생

신당동 중앙시장에서 목회하는 장학일 목사가 쓴 글이 마음
에 참 와 닿았다.

"가끔 가다가 시장에서 큰 소리로 싸우는 소리가 나면 아내는
아이들을 밖에 못나가게 하고 자신도 집에 들어앉곤 했다. 이유
를 물어보면 아내의 대답이 걸작이다. 또 우리 교인일 텐데 부
끄러워 나갈 수가 없다는 것이다. 교인들은 시장 안에서 여느
시장 사람들과 다를 바 없었다. 어떤 경우는 더 심한 것 같기도
했다. 손님이 멸치 몇 마리 집어먹었다고 멱살 잡고 싸우는 교

인, 자리 문제로 싸우는 교인, 물건 값 깎자는 손님에게 쌍스러운 욕을 퍼붓는 교인, 이루 다 말할 수 없을 정도였다. 그들은 교회에만 나올 뿐 삶은 조금도 변화가 없었다.”

주님도 시장을 빗대어 하신 말씀이 있다.

또 이르시되 이 세대의 사람을 무엇으로 비유할까 무엇과 같은가 비유하건대 아이들이 장터에 앉아 서로 불러 이르되 우리가 너희를 향하여 피리를 불어도 너희가 춤추지 않고 우리가 곡하여도 너희가 울지 아니하였다 함과 같도다 세례 요한이 와서 떡도 먹지 아니하며 포도주도 마시지 아니하매 너희 말이 귀신이 들렸다 하더니 인자는 와서 먹고 마시매 너희 말이 보라 먹기를 탐하고 포도주를 즐기는 사람이요 세리와 죄인의 친구로다 하니 지혜는 자기의 모든 자녀로 인하여 옳다 함을 얻느니라(눅 7:31~35)

주님은 이 세상을 장터로 비유한 것이고, 장학일 목사는 신당동 중앙시장에서 장터 사람들이 어떤 모습인지를 실제적으로 기록한 것이다. 주님은 당시 세례 요한의 말을 듣고 슬퍼하셨다. 죄사함의 세례를 받아야 함에도 불구하고 냉담했던 사람들, 예수님의 복된 소식을 듣고도 여전히 예수님을 배척한 사람들을 말씀하신다. 그러곤 장터 사람들처럼 손해 보지 않고, 자신의 이익을 지키려고 악착을 부리는 사람의 모습을 보여 주고 있다.

그 모습이 오늘을 사는 우리의 모습이 아닐까? 주님이 아무리 마음에 감동을 줘도 그저 한 번 외면하면 남는 게 많다. 나를 이 땅에 보낸 주님의 뜻이 무엇인가를 생각하기 전에 나의 이익이 언제나 먼저 생각나곤 하는 것이다.

이런 부분에서 사실 우리 모두가 얼마나 자유할 수 있을까? 자기 이익을 먼저 생각하는 장터와 같은 인생에서 주님이 주신 은총에 반응할 수 있는 사람, 그를 하나님의 사람이라고 한다.

우리는 아직 그 길이 멀어 보인다. 그래도 그 길이 정말 주님이 원하시는 길이라면 한 번 싸워보는 건 어떨까? 믿음의 선한 싸움말이다.

풍란

　　내 사무실 한쪽 구석에 풍란이라고 돌에 붙어사는 난이 있다. 내가 게으르기도 하고, 부담스레 구입한 것이어서 그런지 별 관심이 생기지 않았다. 더욱이 이번 주엔 여러 가지로 바쁘고 외출할 일도 많아서 난에 물을 주지 못했더니 죽고 말았다.

　　금요일 오후에 사무실 화초를 돌보다가 그 난을 다시 한 번 둘러보았다. 그런데 한 뿌리가 악착같이 생명을 견뎌 내고 있었다. 두 뿌리는 아예 말라죽었는데 한 뿌리는 아직도 푸른빛을 잃지 않고 생명을 견디고 있었다.

"넌 아직 죽지 않고 생명을 보듬고 있구나?"

"그럼요. 힘들지만 아직 살아 있어요!"

잽싸게 난에 물을 주었다. 대견스럽기도 하고, 생명이라는 게 얼마나 소중한지 다시 생각하게 되었다.

요즘 모두가 힘들다고 한다. 연예인의 자살이야기는 이제 새삼스러운 것도 아니다. 일반인도 조금만 힘들면 자신의 생명을 끝내고, 아직 피지 못한 어린 생명들의 동반 자살 소식도 심심치 않게 들려온다. 바울은 〈고린도전서〉 13장에서 사랑을 정의할 때 가장 먼저 한 말이 "사랑은 오래 참는 것"이다.

사랑이란 화려하고 꿈꾸는 듯한 무언가가 아니라 오래 참는 것이다. 어린 아이의 생명은 부모의 오래 참는 사랑에 의해 성장한다. 힘든 시기를 지나고 있는 성도가 있는가? 이 고난과 어려움이 언제 끝날지 모르는 어두운 터널처럼 느껴지는가? 조금만 더 참아 내길 바란다. 우리가 믿는 주님은 우리의 생각보다 더 풍성하게 인도하는 좋은 분이다. 정말 모든 것을 내려놓고 싶을 때, 가끔은 뒤를 돌아보는 것도 괜찮을 것 같다.

5년 전, 10년 전을 한 번 되돌아보자. 그때는 어려운 일이 없었는가? 모든 것이 마지막 같은 절망감이 없었는가? 그런데 어떻게 이겨 냈는가? 우리 중 대부분은 그 어려움이 어떻게 지나갔는지도 모를 것이다.

"내가 그 어려움을 어떻게 이겨 냈지?" 하는 마음이 들 때도 있다. 그것은 그 어려움 가운데 주님의 은혜가 함께했기 때문이다. 난에 충분히 물을 부어 주었다. 아마 내일 아침엔 그 난이 내게 이렇게 인사할지도 모르겠다.

"안녕하세요. 전 이렇게 회복하고 있습니다!"

작은 흔적 하나

허영이라는 이름의 이불을 덮고 잠들면 반드시 사치라는 꿈에 빠지게 되고, 사치라는 이름의 꿈에 빠지면 반드시 위선이라는 배우자를 만나게 된다. 그들 사이에서 태어난 자식은 대개의 경우 주체성을 상실한 채 유행의 조류에 휩쓸려 방황하는 인간이 되기 십상이다. 하지만 그들의 겉모습은 언제나 과장되거나 위장된 경우가 대부분이다. 이제마 선생 같은 명의를 열 명쯤 동원해도 완치하기 힘든 난치병일 것이다(이외수 《코끼리에게 날개 달아주기》 중에서).

〈마태복음〉의 산상수훈을 묵상하면 신앙도 기본이 중요함을 깨닫게 된다. 그 옛날 모세가 시내 산에서 십계명을 받아 이스라엘 백성에게 이렇게 살라고 말했던 것처럼, 예수님께서 자신을 따르기로 작정한 사람들에게 이렇게 살라고 가르치신 게 산상수훈이다.

그 기본에서 좋은 열매와 나쁜 열매가, 반석 위에 지은 집과 모래 위에 지은 집이 갈린다. 요즘 이단이나 사이비에 빠진 사람들을 상담할 때가 종종 있다. 우리 성도들의 지인이 이단에 빠져 나를 찾아오면 가장 먼저 이렇게 말한다.

"목사님! 정말 신앙생활 잘하던 분인데 어떻게 그런 쪽으로 빠졌는지 모르겠어요."

겉으로 볼 때는 아무 이상 없는 신앙생활을 해왔던 것이다. 하지만 분명한 것은 주님이 말씀하신 신앙생활은 아니라는 것이다. 산상수훈을 묵상하면서 새롭게 깨닫는 것은 주님의 말씀을 제대로 알았다면 이단이나 사이비, 신비주의적인 신앙생활에 절대 빠질 수가 없다는 것이다.

신앙이란 화려하고 대단한 것이 아니다. 각자 하나님께서 허락하신 믿음과 능력의 분량만큼 하나님과 사람을 섬기며 가는 길이다. 그렇게 살아가면 허황된 신앙이 결코 자리할 수 없다. 주님께 가까이 간 분들의 삶, 성경이 인정하고 우리가 닮고 싶은 분들의 진정한 신앙생활은 결코 기적이 나타나는 삶이 아니다. 한 발 한 발 주님께서 허락한 사명의 길을 믿음으로 묵묵히 걸었던 분들이다.

요란한 네온사인과 우리를 정신없게 만드는 변화의 물결 속에서 홀로, 천천히, 자유롭게 믿음의 길을 걷는다는 건 그리 쉬운 게 아니다. 신앙생활이 아무것도 아닌 듯 경멸하는 세상에서 믿음을 지키며 주님과 사람을 섬기는 자리에 선다는 것도 그리 간단하지 않다. 하지만 우리는 그 길을 걸어야만 한다. 뱀처럼 지혜롭고 비둘기처럼 순전한 마음을 가지고 말이다. 허영으로 가득한 세상에서 믿음으로 살려 했던 작은 흔적들이 우리 안에 자리할 수 있기를 소망해 본다.

어머니의
기도

　　《인간시장》을 쓴 소설가 김홍신에게 탤
런트 최불암 씨가 물었다.

"김 선생에게 글쓰기란 무엇입니까?"
"제게 글쓰기는 향기입니다. 향기는 절대로 그냥 나지 않습니다.
자기 몸에 상처가 나야 비로소 나는 것이 향기입니다. 풀이 잘라
졌을 때 풀 냄새가 나고, 소나무의 가지가 부러졌을 때 송진의 향
이 나는 것처럼 제게 글쓰기란 여러 가지 고난과 어려움 속에 나
타나는 삶의 향기가 글로 옮겨지는 것이기 때문입니다."

사람은 자신이 가장 중요하다고 생각하는 것을 중심으로 움직인다. 김홍신 작가는 글쓰기가 자신의 삶에 가장 중요하기 때문에 그것을 중심으로 삶이 움직이는 것이다.

하루는 이제 막 60대가 된 어느 성도가 나와 대화하다가 갑자기 기도를 부탁했다.

"목사님! 나이가 들어가니까 이제 제 삶보다 자녀들의 삶이 더 영광스러워야한다는 생각이 자주 드네요. 저는 이렇게 삶이 마감되지만, 자녀들은 저보다 더 영광스러운 삶을 살아야 하고, 자녀들이 잘되는 게 제 영광인 것 같다는 생각이 들어서요."

금요일 새벽에는 80세가 가까운 권사님이 기도하는 내 뒤로 오셔서 기도 제목을 이야기하셨다.

"목사님! 제가 자녀들에게 짐이 되지 않도록 기도해 주세요."

이분은 다리가 아파 걷는 것도 힘들어 하셨다. 인생 끝부분에 와서 하는 간절한 기도가 바로 "자녀들에게 짐 되지 않기를" 소망하는 거였다.

나이에 따라 소망도 달라지지만, 그날 새벽 노 권사님의 기도 제목은 내 가슴을 먹먹하게 만들었다. 평생 자녀들을 위해 희생하다가 마지막 기도 제목까지 자신보다 자식을 걱정하는 기도였던 것이다.

우리가 각자 자신의 직업, 성공, 소망을 향해 달려가고 있을 때 어머니들은 그저 자식이 잘되고, 자식에게 짐 되지 않는 노후를 위해 기도하고 있었다.

혹 어머니가 아직 살아 계시다면 바쁘다는 핑계로 외면하지 말고 정성껏 어머니를 공경하는 게 어떨까?

희망이

"목사님! 희망이가 똥개가 된 것 같아요."

어느 성도가 초라해진 희망이를 보며 내게 한 말이다. TV에
나오는 상근이는 늠름하고 멋있는데, 교회 공사를 하면서 이곳
저곳을 전전해야 했던 우리 희망이는 같은 종류의 개임에도 불
구하고 비교가 안 될 정도로 옹색해 보였다.

그런데 금요일 교회 영상팀에서 이번 새생명축제 영상을 만
드는데 나와 희망이가 함께 출연해 줄 것을 부탁했다. 열악한
환경 가운데서도 열심히 일하는 청년들을 보면서 고맙기도 하

고, 한편으로는 제대로 지원해 주지 못해 미안하던 차라 선뜻 승낙했다.

출연 당일 교역자들과 희망이를 목욕시키고 이후 한 시간이 넘도록 제멋대로 자란 털을 다듬어 주었다. 그렇게 다듬고 나니 '똥개'에서, 멋있는 그레이트 피레니즈가 되어 있었다. 털을 다듬어 주면서 내가 희망이에게 말했다.

"희망아! 너 완전히 달라졌어. 누가 너보고 똥개 같다고 했냐? 지금 보면 완전 반할 거야. 너 진짜 멋있어."

희망이도 털을 다듬어 주는 게 좋은지 천연덕스럽게 누워 있었다. 다듬으면 보물이 되는 거였다. 희망이와 사람을 비교하는 게 조금 그렇지만, 나는 우리 모두가 다듬으면 훌륭한 모습이 된다고 생각한다. 나 같은 사람도 성도들의 사랑을 받으며 목회하듯이 우리는 서로 조금씩 부족하다고 느껴져도 때론 직분이 그 사람을 만들기도 한다는 사실을 기억하면 좋겠다.

그래서 교회 안에서 직분을 맡을 때는 자기 자신을 조금씩 가다듬고 '지금은 비록 서툰 모습으로 신앙생활 할지라도 하나님의 은혜로 선출된다면 감사히 감당하겠습니다'라는 마음으로 임했으면 좋겠다.

어느 교회에서 모든 성도의 사랑을 받으며 재정부를 맡고 있는 안수 집사가 삼수를 하고서야 안수 집사가 되었다고 한다. 세 번 떨어지는 동안 시험에 들지 않은 게 대단한 것이다. 그 모습이야말로 직분 때문에 주님을 섬긴 것이 아님을 증명한 셈이다.

직분은 자신을 다듬어서 보물로 만드는 계기가 될 수 있다. 어쩌면 그 맨 앞에 내가 서 있다는 생각이 들기도 한다.

우물을 파는
사람들

"아니! 무슨 세미나가 인원을 제한해요?"
"제발 서서라도 들을 수 있게 해주세요."
"접수를 안 받으면 그냥 쳐들어갑니다."

　이번 3차 교사 세미나에 인원이 마감되어서 더 이상 접수를 받지 못하자 사람들이 보인 다양한 반응이다. 등록을 못 받는다고 하니까, 대책 없이 입금을 하고 오겠다고 엄포를 놓는 사람도 있고, 무조건 쳐들어간다는 황당한 경우도 있었다.

"풍세를 살펴보는 자는 파종하지 못할 것이요 구름만 바라보는 자는 거두지 못하리라"(전 11:4)

《순간을 위해 평생을 준비한다》라는 책에서도 이렇게 말한다.

"엘리트란 항상 왜 안 되는지에 대해 박사 학위 논문 쓰는 사람이라는 말이 있다. 그만큼 우리의 지식이 어떤 일을 하는데 도움이 아니라 두려움을 심어 주는 경우가 많다는 뜻일 게다. 얼마나 많은 사람이 정직하게 문제에 부딪쳐서 해결하기보다 왜 자기가 그 문제를 못 푸는지 변명하는 데 더 많은 시간을 보내고 있는지 모른다. 차라리 그 에너지로 문제를 정면으로 직시했으면 뜻밖의 돌파구가 빨리 열릴 수도 있었을 것이다. 이상적인 상황은 절대 오지 않는다. 우리는 무슨 일이든지 어느 정도의 위험 부담과 문제를 짊어지고 시작하게 된다. 구더기 무서워서 장 못 담글 것인가? 제발 경기 탓은 그만하라."

교회학교가 안 되고 줄어드는 것에 대해 이유를 말하는 사람들은 많다. 저출산, 고령화, 반 교회적 사회 분위기 때문에 어렵다는 것이다.

그러나 구약성경에 보면 이삭은 어디를 가든 우물을 찾아내는 사람이었다. 물이 귀하던 중동 지역, 지하 몇 십 미터를 파야 수맥을 찾을 수 있는 그 땅에서는 우물 하나만 있으면 마을 하나를 이루고 부족을 통치할 수 있었다. 그만큼 수맥을 찾아 우물 하나 파기가 하늘의 별 따기였다. 대적들은 이삭이 파놓은 우물을 억지 부려 빼앗곤 했는데, 그때마다 이삭은 묵묵히 다른 곳으로 옮겨서 우물을 또 팠다. 남들은 평생 한두 개도 갖기 힘든 우물을 이삭은 파기만 하면 수맥이 터지는 것이다.

"저건 사람의 힘이 아니야. 이삭의 하나님은 무서운 분이다."

결국 이삭의 대적들이 두 손 들고 와서 평화조약을 맺는다. 변명하거나 안 되는 이유를 찾는 사람이 아니라 우물을 파는 사람이 필요하다. 이 시대에는 안 되는 이유를 잘 찾는 사람들은 많지만, 정작 그 가운데서 우물을 파는 사람은 적다. 그런 면에서 우리 교회학교 교사들은 우물을 파는 사람들이다. 그 우물 파는 열정을 나누는 세미나가 우리 교회에서 하는 교사세미나다. 시대 정신에 흔들리기보다 우물을 파는 우리 교사들에게 박수를 보낸다. 세미나에 참석하겠다는 사람이 너무 많아서 제발 그만 오라고 하는 교회가 되었으니 얼마나 감사한 일인가!

주가 주시는
기쁨

　　한 해를 마무리하는 시기가 되면 대부분 사람들의 마음이 스산해진다. 지나간 시간들 중에서 내가 이룬 것이 없다는 생각이 들기 때문이다. 뭔가 가시적으로 보이는 일을 하는 사람은 "아! 내가 올해는 이런 일을 했구나, 건물을 몇 층까지 올렸구나, 내 통장에 돈이 이만큼 남았구나!" 할 텐데 그런 것들이 없을 때는 괜히 시간을 허비한 것 같은 아쉬움이 커진다.

　　어느 원로 목사님이 내게 이렇게 말씀하신 적이 있다.

"이 목사님! 빌딩을 짓는 사람은 시간이 가면 결과물이 눈에 보이잖아요. '아! 몇 층까지 올라갔구나' 하고 말이에요. 그런데 목회는 그런 게 보이지 않아 답답할 수 있어요. 성도들 중에 '이젠 괜찮겠구나!' 하고 생각했던 사람이 굉장히 힘들어하고, 이제는 섰나 싶은데 주저앉기도 하고 말이에요. 목회는 지루하고, 끝이 보이지 않아요. 그래서 믿음과 충성이 더욱 요구되는 일이에요."

어디 목회뿐이겠는가? 우리네 신앙생활도 어쩌면 끝이 보이지 않는 지루함의 연속이다. 그저 예배드리고, 기도하고, 교회 들락날락하는 것의 반복처럼 보일 수 있다. 조금 감동하면 교회 일에 앞장서다가, 환경이 힘들어지면 다시 끌탕하기도 한다. 우리는 대부분 이러면서 시간을 보낸다. 황소가 뒷걸음치는 것처럼 어쩌다 정통으로 은혜를 받으면 어떤 분은 헌신의 길로 가고, 그렇지 못하면 대부분 그냥 세월만 보내는 교회생활을 하는 것이다.

우리 한국교회가 생각하는 은혜는 대부분 수동적이다. 목회자의 설교에 감동받는 것, 다른 사람들의 간증을 들으며 "그렇구나, 대단하구나!" 하고 수긍하는 정도다.

하지만 자신이 직접 참여해서 받는 은혜는 다르다. 시간을 드리고, 몸을 드리고, 물질을 드리고, 애쓰는 가운데 얻어지는 기쁨이 있다. 가장 힘들고 낮은 자리에서 주님이 주시는 기쁨은 정말 이 세상의 어느 것과도 비교할 수 없다.

전도하는 분들의 간증을 들으면 어떤 때는 소금 세례를 받고, 욕을 듣고, 험한 꼴을 당한다. 하지만 그 모든 것을 이길 수 있는 커다란 기쁨과 은혜가 있기에 감당한다는 말을 들을 수 있다.

하나님의 일을 하면서 주님이 주시는 위로를 한 번쯤은 제대로 체험해야 "아! 이런 은혜도 있구나!" 하고 한 걸음 더 성장할 수 있다. 비록 지금은 서툰 걸음이지만 앞으로 나아가기를 소망하는 나와 성도들이 되길 바란다

순종 연습

며칠 전 홈플러스에서 책을 볼 기회가
있었다. 이것저것 새로 나온 책을 둘러보며 신간 중에 읽고 싶
은 책을 몇 권 골랐다. 그중 꼭 사지 않아도 될 것 같은 책은 아
예 보고 가려고 서서 읽는데 갑자기 공 굴러가는 소리가 들렸
다. 막 고등학교에 들어간 나이로 보이는 녀석들이 옆에서 축
구를 하고 있던 것이다.

나를 비롯해 그곳에 있는 사람들 대부분이 서점 코너에서 축
구하는 아이들을 힐끔힐끔 쳐다볼 뿐 누구하나 제지하지 않았
다. 자기들끼리 서로 좁은 공간에서 패스하다가 공이 이리저리

굴러가도 개의치 않고 툭탁거리며 공을 찼다. 그러다가 조금 후엔 뭔가 느낌이 이상했던지 다른 곳으로 이동했다.

얼마 전 이 근처에서 아내와 둘이 전도하러 나갔을 때 중학생으로 보이는 여학생 한 명과 남학생 두 명을 만났다. 아이들이 학교에 있을 시간인데도 그 아이들은 놀이터에 있었다.

"너희들 학교에 안 갔니?"

"네. 땡땡이 쳤어요. 그런데 아저씬 누구세요?"

자기들끼리 육두문자를 써가며 말하는 아이들이 아내가 든 전도지를 보고 "우린 불교 믿어요. 교회 안 다닐 거예요" 하고 먼저 말했다. 그 아이들에게 뭐라 말도 못하고 그냥 헤어지고 말았다.

돌아오는 내내 발걸음이 무거웠다. 대책 없는 아이들이니 "어쩔 수 없지 뭐" 하는 마음과 점심시간이 되었는데 그 아이들에게 교회 가자고 할 게 아니라, "너희들 점심 사줄까?" 하는 말을 왜 못했는가 하는 생각이 들어서다.

사람에게는 누구나 반항하고 싶은 성향이 있다. 따라서 아이가 어려서부터 고의적으로 반항하는 것을 방치하면 그 아이는 학교 선생님의 권위에도 반항하게 되고, 어른들은 물론 사회에서도 국가의 권위, 하나님의 권위에 불순종하는 죄를 저지르게 된다. 이것은 한 아이의 장래와도 직결되는 무서운 일이다.

한 성도가 새벽 기도 기간에 내가 아이들에게 안수하는 모습을 사진으로 찍어 자신의 집 문 앞에 붙여 두었다는 말을 했다. "집을 나갈 때 목사님께 안수받는 사진을 보면서 간다면 반항하고 싶은 마음이 조금은 자제되지 않을까?" 하는 생각에서 한 행동이었다. 그런 면에서 안수하는 새벽 기도 기간에 아이를 꼭 데리고 나와 기도받게 하고, 그 사진을 문에 붙여 놓은 성도가 지혜롭다는 생각이 들기도 했다.

하나님께 반역하고, 다른 사람을 속여 자기 자신의 이익만 챙기는 우리가 조금이라도 하나님과 교회를 생각할 수 있도록 환경을 만들어 주는 것, 그것이 이 험한 세상에서 살기 위한 또 다른 지혜가 아닌가 생각해 본다.

의지도
재산입니다

       교회 벽면에 '의지'라는 커다란 글자가 쓰인 걸 보고 내게 무슨 뜻이냐고 묻는 이들이 있다. 그 단어는 내가 생각해 낸 것은 아니다. 우찌무라 간조의 책을 읽다가 이런 글을 본 적이 있다.

    "사람들이 돈도 재산이고, 정보도 재산이고, 지식도 재산이고 건강도 재산이라는 생각은 하는데 '의지도 재산이다'라는 생각은 잘 안 한다"

그 책을 읽은 시기가 대구의 한 중학생이 자살한 시점이기도 했다. 가정 문제나 성적 비관, 왕따 등 여러 가지 문제로 자살하는 사람들이 방송이나 신문에 오르내리는 것을 보고 어려울 때 사람들이 그 글자를 읽으면서 다시 한 번 생각하기를 바라며 벽면에 써 붙여 놓은 것이다.

"의지도 재산입니다!"

사실 이 땅에서 뭔가를 쉽게 이룰 수 있는 게 얼마나 되겠는가? 그리고 쉽게 이룬 것 중에 커다란 성취감을 맛본 것은 또 얼마나 되겠는가?

중국에서 선교하는 이모세 선교사는 성균관대학교를 나와 이랜드에서 근무하다가 선교사로 부름을 받았다. 그런데 한국 교회에서 매달 지원되는 돈이 40여 만 원밖에 안 됐다. 네 식구 생활비도 안 되는 돈을 가지고 선교를 시작한 것이다.

"주님! 이 돈으로 사역을 시작하겠습니다. 그런데 제가 가진 돈이 모두 떨어지면 한국으로 돌아가겠습니다."

이렇게 기도하고 사역을 시작한 지 10여 년이 지났을 때 나를 만났다. 우리 선교 일행이 10년 만에 처음으로 받은 단기 선교팀이라고 했다.

그분은 지금도 여전히 천진에서 멋지게 사역하고 있다. 그분의 고백이 참으로 아름답다.

"목사님, 선교는 버티는 거드라니까요!"

10년을 버티니까, 주님은 멋지게 역사하셨다. 사역도 굉장히 활발하게 되었다. 선교만 버티는 것이겠는가? 우리네 삶도 버티기 한판 아니겠는가? 충성스러운 신앙인으로 살았던 우리 믿음의 조상들이 매일 좋은 일만 생겨서 주님을 좇았겠는가? 대단한 능력을 갖고 귀신을 쫓아내고, 죽은 자를 살린 바울은 어떤 고백을 하는가?

형제들아 우리가 아시아에서 당한 환난을 너희가 모르기를 원하지 아니하노니 힘에 겹도록 심한 고난을 당하여 살 소망까지 끊어지고 우리는 우리 자신이 사형 선고를 받은 줄 알았으니 이는 우리로 자기를 의지하지 말고 오직 죽은 자를 다시

살리시는 하나님만 의지하게 하심이라(고후 1:8~9)

어려움 가운데도 주님을 의지하는 믿음을 포기하지 않고, 의지적인 결단으로 묵묵하게 믿음의 길을 걸었던 것이다. 삶의 희망조차 없는 그때에도 마찬가지다. 의지는 이러한 일들을 가능하게 하는 강력한 힘이다. 주님이 주신 그 의지는 우리가 가장 어려운 그때, 고난이 가장 극심한 때에도 모든 것을 이길 수 있는 은총의 길이기도 하다.

주님이 주신 은총의 의지로 내 삶의 모든 것을 넉넉히 이기며 나아가는 우리가 되기를 기도한다.

우문현답

TV 프로그램을 진행하는 뽀빠이 이상용 씨가 전남 곡성에서 107세 된 할아버지를 만나 인터뷰했다.

"할아버지! 이렇게 오래 산 비결이 무엇입니까?"

"할아버지가 뭐야? 그냥 형님이라고 불러."

"아! 형님, 죄송합니다."

"형님, 오래 산 비결이 뭐죠?"

"비결은 무슨, 안 죽으니까 오래 살았지!"

웃음을 만드는 우문현답이다. 이상용 씨가 웃으면서 계속해서 질문한다.

"형님, 그동안 살다가 미운 사람도 많았을 텐데, 어떻게 다 참고 사셨어요?"

"응. 미운 사람도 있었지. 하지만 그냥 내버려뒀어. 그랬더니 지들이 알아서 80~90살이 되니까 다 죽던데 뭘! 미운 사람 있어도 그냥 즐겁게 살면 돼. 절대 화내지 마. 화날 때는 그냥 웃어버려! 하하. 이렇게 말야!"

인생에서 승리하는 길은 뭔가 많이 쌓고, 커다란 업적을 남기는 게 아니라는 것을 노인 형님을 통해서 배우게 되는 것 같다. 107세의 할아버지가 형님이라고 불러 달라는 말부터 얼마나 젊게 느껴지는가. 다른 사람 신경 안 쓰고 즐겁게 살다보니, 지금까지 건강하게 산 것이다.

우리는 남을 너무 의식하고, 경쟁하며 사는 것 같다. 해마다 한 60여 만 명의 수험생이 시험을 치르면 그 중 10% 정도만 수도권이나 지방 국립대학교에 들어가게 된다. 그 수험생들이 대학을 졸업하면 또 60여만 명 중에 약 5만여 명만 취업하게 되고, 그 나머지는 잘못하면 평생을 비정규직으로 살게 된다. 그 절박감이 우리네 청년들을 스펙 경쟁으로 내몰고 있다. 그러니 이 세대들은 조금의 여유도 없이 대학에 들어가기 위해 어린 시절을 보내고, 취직하기 위해 20대를 보낸다.

이런 세대에게 주님이 소중한 삶을 위해 '너'를 창조하셨고, 주님이 주신 달란트를 개발해 그 재능으로 하나님과 이웃을 섬기는 길에 서야한다고 말하면 너무 순진한 발상인가? 악착스럽게 공부하고 경쟁에서 뒤쳐지면 안 된다고 말해 줘야 하는 것일까?

우리가 믿는 주님은 참 좋으신 분이고, 그분이 지금도 우리의 삶을 아름답게 인도하고 계신다. 이렇게 좋은 주님을 어떻게 세상에 전해야 할까? 우문현답의 할아버지 형님에게 한 번 물어보고 싶다.

3

거룩한 바보들의 꿈

성만교회 이야기

이야기
셋

성만의 발자취

성만교회 성인식
2015년

순교의 예배

"교회 개척은 순교(殉敎)와 같다."

어느 목사가 이런 고백을 했다. 그런데 막상 내가 개척을 하려니까, 그 말씀이 어렴풋이 이해되었다. 부교역자로 사역할 때 한 목사는 구역장 공과를 인도하면서 이렇게 고백했다.

"나는 이런 교회의 담임 목사보다 수위가 주님을 더 사랑하는 자리라면 기꺼이 그 자리에 서고 싶다."

그 말을 들은 뒤 나도 부교역자로 생활하면서 편하게 사역한다 싶을 땐, 주님과 함께 고난받는 자리에 서기를 원한다고 기도했다. 막상 그 기도가 응답되어 개척을 준비하면서 많이 힘들 땐 '괜히 그런 기도를 했나!' 하는 마음이 생길 때도 있었다. 하지만 주님의 역사하심을 순간순간 체험하며, 이 개척의 어려움을 능가하는 충분한 보상이 있다는 생각이 들었다. 개척할 때 앞으로 목회의 길을 가면서 얼마나 어려운 일들이 많을까 생각했다. 부교역자로 생활하면서 담임 목사의 눈물을 보았고, 동시에 그들의 행복함도 옆에서 지켜보았다.

분명히 어려움이 기다리고 있겠지만, 내가 믿는 것은 주님의 은혜가 그 어려움보다 더 크다는 것이다. 홍해라는 거대한 시련 앞에서 전혀 기대하지도 못했던 길을 내시듯 주님은 나와 우리 교회에 피할 길과 감당할 힘을 주실 것이다. 어려움을 당할 때마다 기막히게 역사하시는 주님을 보면서 "역시! 주님이십니다!" 하는 감격으로 나는 이 길을 걷게 될 것이다. 지금 이 순간까지 주님은 나를 그렇게 인도해 주셨으니까.

훗날 지나온 흔적을 돌아보며 "나와 내 집이 무엇이건대 이런 은혜를 베푸십니까?"라는 고백을 할 날이 꼭 오리라 기대한다. 그래서 미리 감사드린다. 첫 예배를 시작할 수 있도록 도와주심에 감사드리고, 앞으로 주님과 동행하는 삶을 기대한다.

감격과 감사로 이 길을 가게 될 것이라 소망하며…….

사랑에 빚진 자

      내가 예수님을 처음 만나 신앙생활을 하던 교회는 겨울에 무척 추웠다. 허허벌판에 약 50평쯤 되는 천막을 쳐놓은 볼품없는 천막교회, 그곳에서 여름에는 땀으로 목욕하고 겨울에는 손과 발을 동동 구르며 교회 일을 했다. 그때 목사님의 작은 칭찬 한마디는 내게 더없는 위로와 힘이 되었다. 그리고 그 가운데에서도 주님의 말씀은 참으로 값지고도 큰 행복이었다.

  그곳에서 주님을 만나 더 큰 믿음으로 일하던 어느 날, 나는 본격적으로 신학을 공부해 전도사란 이름으로 서울에 올라가게 되었다. 주님의 부름을 받아 올라가던 날, 나는 주일 저녁 예배 때 두 명의 청년과 함께 특송을 했다.

그때 찬송이 〈주 예수보다 더 귀한 것은 없네〉였다. 찬송을 시작한 뒤 1절도 끝나지 않았는데 나도 모르게 눈물이 흘렀다. 주님의 부름을 받은 것은 기뻤지만 정든 천막교회를 떠난다는 게 무척 아쉬웠던 것이다. 언제 어디서든 주님의 말씀을 전하는 일은 행복한 일이었지만 나의 땀과 눈물이 밴 곳을 떠나자니 아쉬움이 가득했다.

정든 성도와 목사님 부부와의 이별, 그리고 천막교회를 떠난다는 것은 슬픔 그 자체였다. 허나 그것도 잠시, 이미 주님 안에서 우리는 하나라는 생각에 기쁨으로 이별을 받아들였다.

시간이 흘러 서울로 올라가 전도사, 강도사 생활을 하며 또 한 번의 이별을 하게 되었다. 작별 인사를 하고 부천으로 내려오던 날, 그동안 잘해 주신 목사님과 사모님, 그리고 마음속에 고마움을 잊지 못할 성도와의 이별에 가슴 아팠다. 겉으론 표현도 못했지만 '그놈의 정' 때문에 몸살을 앓아야 했다. 그리고 그들의 큰 사랑에 기도로 보답하겠다고 다짐하며 돌아섰다.

이제 성만교회를 열고 주님께 창립 예배를 드린다. 그동안 받아만 왔던 사랑을 이제는 주는 입장에 서고 보니 모든 것이 서투르기만 하다. 마치 어느 한순간 키가 커서 맞는 옷이 없는 사춘기 학생처럼 말이다.

사랑을 받아 본 자가 주는 것도 아는 법, 천막교회에서 넘치게 받은 사랑을 이제 나도 전할 때가 왔다고 다짐한다.

거룩한 바보들의 꿈

목회는
주님이 하시는 것

경기도 의정부에 있는 성만교회 한용준 목사님께 안부를 전할 겸 전화를 드렸다. 얼마 전 부산 성만교회 부흥회를 인도하고 오신 이야기도 듣기 위해서였다.

"이 목사, 요즘 교회는 좀 어떤가?" 하는 목사님의 물음에 나는 "네, 꾸준히 부흥되고 있습니다" 하고 정중히, 그러나 당당하게 말씀드렸다. 꾸준하게 부흥되고 있는 성만교회가 뿌듯해서 조금 우쭐해 있었나 보다. 내 말을 조용히 듣던 목사님이 내 마음을 꿰뚫어 보신 듯 말하셨다.

"이 목사! 잘 알겠지만 목회는 사람이 하는 게 아니고 주님이 하시는 걸세. 인간적인 방법을 사용하지 말게. 지금은 손해 보는 것 같아도 주님의 마음을 품고 열심히 하면 주님이 역사하시네. 그래야 목회가 되는 것일세. 그리고 숫자 놀음에 빠지지 말기 바라네. 목회자가 구령의 열정이 있어야 하는 것은 당연하지만, 성도의 숫자에 좌우되어 목회자가 동요되면 주님 앞에 너무 죄송한 일 아닌가."

그렇다. 목회는 내가 아닌 주님이 하시는 것이다. 어쩌면 나는 교회가 부흥되자 잠시 그것을 잊고 있었는지도 모른다. 그러나 주님이 또 나를 이렇게 깨닫게 하시니, 하루하루 감사하지 않을 날이 없었다.

그에 이어서 한 목사님은 이번에 부산에서 부흥회를 인도한 이야기도 해주셨다. 농촌 혹은 소도시에서 몇 가정 안 되는 성도들을 돌보는 목회자를 볼 때 다시 한 번 목회에 대해 생각하게 됐다는 말이었다.

사실 의정부에 있는 성만교회는 단시간 내에 굉장한 부흥을 이룬 교회다. 그런 부흥을 이룬 목사님의 입에서 성도의 숫자가 많고 적음보다는 주님 앞에서 얼마나 내 달란트만큼 충성했

는지가 더욱 중요하다는 말을 듣고 보니, 내 자신이 부끄러웠
다. 원래 한 목사님은 부흥회를 가면 작은 교회(주님이 보시기에
는 큰 교회)를 주로 다니며 그들에게 필요한 것을 채워 주신다.
물론 그 교회 목회자들과 대화하면서 목회의 방향을 조언하는
일을 주로 한다는 걸 알지만, 어제 내게 하신 말은 내 목회를 돌
아보게 하는 중요한 것이었다.

믿음의 일꾼

주님은 마음이 약한 우리에게 믿음을 표현할 수 있는 행위를 주셨는데 그게 바로 십일조다. 돈을 많이 내느냐 적게 내느냐에 따른 것이 아니라 마음이 어떠하느냐가 중요하다. 따라서 마음이 없고 행동만 있다면 십일조란 의미 없는 것이다.

한번은 십일조를 30~40만 원씩 낸다는 분이 나를 찾아왔다. 내 설교를 듣고 은혜받아 수소문해 찾아왔다는 것이다. 어렵사리 찾아왔으니 자신을 받아달라는 게 아니겠는가?

그 말을 들은 나는 "우리 교회에서 신앙생활 하세요"라고 차마 입이 떨어지지 않았다. 그분을 돌려보내는 것이 목회의 윤리라는 생각이 들어서다. 또한 먼 거리에서 이사 온 분도 아니고, 설교 한 번 듣고 교회를 옮기는 걸 보면서 한심하다는 생각도 들었다. 그런 연유로 나는 "집사님을 받을 수가 없습니다. 다른 곳에서 신앙생활하세요"라고 말하며 돌려보냈다. 지금 생각해도 그때 참 잘했다는 생각이 든다.

한해를 마감할 때면 교회에 직분자를 임명해야 한다. 우리 교회의 직분자 임명에 대한 기준은 아래와 같다.

"우리 교회는 사람을 붙들기 위해 직분을 주는 일은 없을 것입니다. 그리고 '성만교회 집사'라는 말만 들으면 모든 분들이 인정하는 사람이 되어야 한다는 게 담임 목회자의 생각입니다. 교회가 많고, 직분자도 많으니 별 사람이 다 있지만 그럼에도 아직 훌륭한, 그리고 많은 사람으로부터 존경받는 일꾼들이 많기에 우리나라 교회는 비전이 있고 더 부흥할 것입니다."

'성만교회 집사' 하면 이 지역에서 소문이 날 정도로 열심 있고, 신앙의 모범이 되는 분들이 되기를 원한다. 성만교회 집사에게서 신앙을 빼면 쓰러질 정도로 믿음의 일꾼이 되기를 원하는 마음이다. 주님이 인정하고, 주위의 모든 사람이 인정하는 분이 직분자가 되어야 한다.

가정은 작은 교회,
교회는 큰 가정

아내는 내가 집에서 하는 행동을 보고 이렇게 말할 때가 있다.

"우리 성도들이 지금 목사님의 행동을 보면 놀랄 거예요."

속옷만 입고 집안을 돌아다니거나, 어린 딸들과 아이처럼 장난하기도 한다. 성도들이 나의 이런 모습을 봤다면 "우째, 목사님이?"라고 할 만한 행동을 많이 하기 때문이다. 사실 이런 행동은 나만이 아니라 많은 남편 또한 그러할 것이다. 오죽하면 어떤 성도는 "저는요, 남편까지 포함해서 아이를 세 명이나 키워요"라고 말할까.

나를 포함해서 많은 남편이 가정에서 철없는 행동을 하는 이유는 가정이 그만큼 편하다는 증거다. 가정이 아니고서야 이 세상 어디에서 남자들이 그렇게 행동하겠는가? 가정은 사회에서 가장 편안한 곳이다. 그곳에선 살기 위한 생존 경쟁이 없고 말 못할 비밀도 없으며 서로 힘들 때는 같이 고민해 주고, 좋은 일이 있을 때는 같이 기뻐해 준다. 이렇듯 가정은 우리 몸과 마음이 안식할 수 있는 곳이다. 그런데 이런 곳이 이 땅에 또 하나 있다. 바로 교회다.

가정은 아담과 하와를 하나님이 직접 주례하셔서 세운 기관이며, 교회는 주님께서 몸을 찢고 피를 흘리며 돌아가신 뒤에 성령으로 이 땅에 다시 오셔서 세우신 곳이다. 그 때문에 가정과 교회는 기뻐야 한다. 들어오는 순간부터 몸과 마음이 편안해야 하고, 쉴 수 있어야 한다. 그렇기에 가정은 작은 교회고, 교회는 큰 가정이라 말할 수 있다. 따라서 나는 모든 일에 기본적으로 이런 생각을 갖고 행동한다. 교회 비품 하나하나를 배치할 때도, 설교를 준비할 때도 이를 잊지 않고 기쁨으로 대했다.

우리 성도들도 교회가 가정처럼 편안했으면 좋겠다. 몸과 마음이 안식을 얻을 수 있는 곳, 기쁨을 가질 수 있는 곳, 고통을 나눌 수 있는 곳이 교회였으면 좋겠다.

하는 척만 해도
복이 된다

교회가 설립된 지 1년이 채 되지 않았을 때 뜻하지 않게 이전을 했다. 바쁜 가운데도 틈틈이 시간을 내서 함께 이삿짐을 나르고 돕는 성도들, 식사를 준비하는 성도들, 휴가를 내서 함께 동참하는 성도들, 아이 때문에 도저히 일하지 못할 상황임에도 불구하고 같이 동참한 성도들, 동참하지 못해서 미안해하는 성도들…….

어떻게 하면 교회에 힘이 될까 생각하는 성도들 때문에 나는 행복한 사람이라고 다시 한 번 느꼈다. 그리고 성만교회 성도 모두에게 참으로 감사하다. 한 성도는 우리가 서로 힘을 합하는 모습을 보고 이렇게 말했다.

"참으로 감사한 일입니다. 제 마음이 이렇게 좋은데 주님의 마음은 얼마나 좋겠습니까."

우리가 서로 도우며 이사하는 모습을 본 다른 교회 성도는 이 모습이 너무 좋고 아름다워서 보기만 해도 은혜가 된다고 말하기도 했다. 그 말을 듣고 나는 괜히 으쓱해졌을 뿐 아니라 마음에 큰 은혜를 받았다.

"주님께 하는 것과 부모에게 하는 것은 하는 척만 해도 복 받는다"라는 어느 목사님의 설교가 생각난다. 자신이 부교역자로 봉사할 때 정말 남들이 하기 싫어하는 일, 알아주지 않는 일에 최선을 다했다. 당시에는 힘든 줄 모르고 했는데 시간이 지나 뒤돌아보니 당신이 그렇게 했던 일들을 주님은 하나하나 기억하고 넘치는 은혜로 다 갚아주셨다고 했다. 그 목사님의 설교 중 유독 이 부분이 내 기억에 생생하게 남아 있다. 그래서 나는 우리 교회 성도들에게 이 말씀을 다시 전했다.

"주님과 부모에게는 하는 척만 해도 복이 됩니다."

그러자 성도들이 "아멘" 하고 답했다.

세미한
주의 음성

그동안 마음에 걸린 성도들을 심방했다. 돌아보지 못해서 마음 한구석이 늘 찜찜하고 미안했는데, 오랜만에 최선을 다해서 성도들을 돌아봤다는 생각에 마음이 흐뭇했다. 집에 들어가니 밤 10시가 훨씬 넘었고, 좋은 음식을 먹고 쉬는 포만감보다 더한 만족으로 세면장에 들어갔다.

"이 목사야, 고맙다!"

치약을 짜서 양치질을 하려는 순간, 내 영혼에 세미하게 들려오는 주님의 음성이었다. 그 순간 주님이 좋은 마음으로 성도들을 돌보는 나에게 고마워한다는 마음이 들었다.

"주님이 내게 고맙다는 말씀을 하시다니, 이런 경우도 있구나."

성경에 보면 주님은 이 땅의 사역을 마치고 하나님 우편에 앉아 계신다.

그러므로 너희가 그리스도와 함께 다시 살리심을 받았으면 위의 것을 찾으라 거기는 그리스도께서 하나님 우편에 앉아 계시느니라(골 3:1)

그런데 〈사도행전〉에 보면 스데반이 순교할 때 주님께서 일어섰다는 표현이 나온다.

스데반이 성령 충만하여 하늘을 우러러 주목하여 하나님의 영광과 및 예수께서 하나님 우편에 서신 것을 보고 말하되 보라 하늘이 열리고 인자가 하나님 우편에 서신 것을 보노라 한대(행 7: 55~56)

대부분의 성경은 주님이 앉아 계신 것으로 묘사한다. 그러나 〈사도행전〉에 스데반이 자신의 생명을 바쳐 복음을 증거하다가 순교하는 순간, 하나님의 우편에 앉아 계셨던 주님은 벌떡 일어섰다. 주님은 스데반을 격려하기 위해서 앉아 있을 수가 없었던 것이다.

주님께서 맡기신 성도를 최선 다해 섬겼을 때 나를 향해 고맙다고 말하시던 주님의 음성이 지금도 내 귓가에 들리는 듯하다. 내가 할 수 있는 작은 것을 했을 뿐인데, 주님은 마음이 좋으셨나보다. 주님께 이런 기쁨을 자주 드릴 수 있는 목회자가 되었으면 좋겠다. 주님이 나를 보시며 언제나 기뻐하실 수 있도록 최선을 다하고 싶다.

순수함을 지키며
가는 길

         긴 세월 목회한 어떤 목사님이 시골길을
가다가 커다란 고목나무의 속이 썩은 걸 보고 말했다.

"너는 목회도 안 했는데 왜 속이 썩었노?"

    평생 목회자의 길을 제대로 걷는다는 게 얼마나 힘든 일인
지, 얼마나 많은 참음과 눈물이 필요한 것인지 그분의 한마디
로 짐작할 수 있을 것 같다.
    믿음의 길을 잘 걷는 게 어려운 것은 비단 목회자뿐 아니라

평신도도 마찬가지일 것이다. 내 삶을 다해 교회와 성도를 섬기는 일은 하면 할수록 어렵기 때문이다.

과거엔 정말 최선을 다해서 주님과 교회를 섬겼던 성도가 세월이 많이 지나 전혀 다른 모습으로 변할 때 나는 가장 마음이 아프다.

과거의 경력을 내세우며 교회에 아픔을 주는 분, 교회의 어려움을 끌어안지 못하고 비판적인 시각으로 서 있는 경우 말이다. 그밖에도 잘못해서 이단으로 빠진 분, 그저 자신의 몸 하나도 가누기 힘들어하며 신앙생활 하는 분, 교회 안에 마음에 들지 않는 일 때문에 가슴앓이 하는 분 등 수많은 분이 힘겹게 믿음의 길을 가고 있다.

헨리 나우웬은 우리를 "상처 입은 치유자"라고 불렀다. 주님을 섬기며 겪는 여러 가지 어려운 일을 가슴으로 끌어안고 눈물로 사명을 감당하기란 쉽지 않기 때문이다.

바울은 이렇게 고백하고 있다.

보라 이제 나는 성령에 매여 예루살렘으로 가는데 거기서 무슨 일을 당할는지 알지 못하노라 오직 성령이 각 성에서 내게 증언하여 결박과 환난이 나를 기다린다 하시나 내가 달려갈 길과 주 예수께 받은 사명 곧 하나님의 은혜의 복음을 증언하는 일을 마치려 함에는 나의 생명조차 조금도 귀한 것으로 여기지 아니하노라(행 20: 22~24)

우리는 주님으로 인해 심령에 매임을 받아 이 사명을 감당해야 하는 자들이다. 세파에 시달리면서 약은 사람이 되지 말고, 순수함을 지키며 목회자의 길, 성도의 길을 가는 우리가 되기를 간절히 바라본다.

예배 시간에
졸던 성도

예배 시간에 늘 졸기만 하는 성도가 있었다. 예배 시간에 조는 것을 유난히 싫어하는지라 그 성도의 모습은 좋아 보이지 않았다. 그래서 그분께 "왜 집사님은 그렇게 예배 시간만 되면 졸고 그러세요?"라고 타박했다. 이런 나의 타박을 받은 집사는 민망한지 뒤통수를 긁적이며 거듭 죄송하다고 말했다.

그러던 어느 날, 그 성도의 아내가 사연을 이야기해 주었다.

"목사님, 제 남편이 예배 시간에 졸아서 죄송해요. 사실 남편의 건강이 좋지 않아서 병원에 갔더니 진료를 맡은 의사가 이 몸으로 입원도 하지 않고 어떻게 그냥 지내느냐고 걱정을 하더라고요. 눈이 침침하고 그냥 감기지 않느냐면서 정상적으로 활동할 수 있는 몸이 아니래요."

하지만 그 집사는 자신의 아픈 몸을 이끌고 계속해서 일해야 했다. 예배 시간을 너무 좋아해 무리해서 참석하지만 그때마다 저절로 감기는 눈을 어떻게 할 수 없었던 것이다. 자신의 형편과 처지를 다 말하면 예배에 참석하는 것을 말릴까 봐 그러지도 못하고 거듭 사과만 하셨던 것이다. 조는 일 때문에 오해를 살 수도 있지만 그래도 예배에 참석해야 한다는 마음으로 꿋꿋이 자리를 지킨다는 말을 들으며 나의 성급한 판단이 얼마나 부끄러웠는지 모른다. 그 후로는 그 성도가 예배 시간에 졸면 오히려 고마운 마음이 들고 그의 건강을 위해 기도하게 되었다.

우리는 눈에 보이는 것만 가지고 쉽게 판단할 때가 있다. 물론 살면서 비판과 훈계가 필요한 때도 있다. 그러한 경우는 비판과 훈계의 대상에 대해 잘 알고 있어야 한다. 우리의 기준으로 성급하게 판단하고 정죄하는 일은 이웃에게 상처를 줄 수 있기 때문이다. 그러한 일은 주님의 가르침과도 먼 일이다. 매사에 신중하게 처신하여 그와 같은 어리석은 일을 행하지 않도록 늘 자신을 살펴야 한다.

이제 나는 예배 시간에 조는 성도를 보면 전처럼 나무라지 않는다. 어쩔 수 없는 사정이 있을지도 모르기 때문에다. 혹시라도 나의 섣부른 판단과 생각 없는 말로 누군가를 가슴 아프게 만들고 싶지 않다.

먼저 망가지기

헌신 예배 강사로 온 한 목사는 자신의
어린 시절에 대해 이야기해 주었다. 그는 어린 시절 자신이 섬
기던 교회의 목사님이 화장실에서 나오는 모습을 보고 깜짝 놀
라서 물었다.

"목사님, 왜 화장실에서 나오세요?"

목사님이 대답을 못하자 눈치 없이 재차 물었다.

"목사님! 왜 화장실에서 나오세요?"

무안한 목사님이 짜증스런 말투로 "똥 쌌다!"라고 말하시곤 확 지나가셨다. 이 사건으로 그는 '아, 목사님도 우리처럼 화장실에 다니시는구나!' 하고 목사님에게 친근감을 느끼게 되었다고 한다. 우리와 똑같은 인간으로서 목회자의 길을 걷는 모습에 존경하는 마음까지 들었다고 한다.

이번 주에는 우리 교회에서 목사 부부들의 체육 대회가 있었다. 잘 모이기도 힘들지만, 또 모여도 늘 진지함이 몸에 밴 분들이라 자연스러운 시간을 갖는 게 쉽지 않아 보였다. 체육 대회 내내 뻣뻣하게 서있는 목사 부부의 모습을 보면서 내가 먼저 망가져야겠다는 마음이 들었다. 그래서 경기를 진행할 때마다 내가 큰 소리로 '파이팅!'을 외쳤다. 기록이 잘 나오는 분들과 하이파이브를 하고, 실수한 분에게는 격려했다.

나의 주특기가 잘 놀고, 잘 먹고, 잘 자는 것인지 모르는 분들은 나를 보며 신기해했다.

"이 목사님! 이런 면이 있으셨어요?"

체육 대회가 밝고 재미있는 분위기로 무르익었다. 어느덧 체육 대회가 끝난 후 서로 헤어지기 아쉬워하는 모습을 보면서 오늘 내가 망가지기를 참 잘했다는 마음이 들었다.

우리 모두는 감사한 마음으로 자리를 옮겨 저녁 식사까지 함께했다. 모두가 행복해하는 모습을 보면서 나와 우리 젊은 목사들은 서로에게 따뜻한 눈인사를 보냈다.

한 알의 밀알,
여동생

     내게는 사랑스러운 여동생이 있었다. 하지만 늘 몸이 약해 챙겨 줘야 할 때가 많았다. 여름이면 숨을 쉬기도 버거워서 길을 갈 때는 남동생과 교대로 업고 다니기도 했다. 여동생이 교회 개척 당시 피아노 반주자로, 교사로 봉사해 주어서 맨땅에 헤딩하는 일만 반복하는 개척교회의 사역에 커다란 힘이 되었다.

     내가 짜장면이라도 사줄 능력을 갖추게 되었을 때, 어느 날 갑자기 동생은 주님의 부름을 받고 세상을 떠났다. 지금도 그렇게 허무하게 간 동생이 못내 그립기만 하다.

지난주에는 저녁부터 집회가 있었다. 집회가 끝나고 사무실로 들어가는데 한 집사가 기도해 줘야 할 자매가 있다고 해서 만났다. 결핵은 완치되었지만 체력이 너무 약해 예배 시간 내내 교회 의자에 누워 있었다고 한다. 그 자매를 가만히 보듬어 주었다.

주님께서 이 자매에게 은총을 베풀어 주시길 진심으로 기도했다. 가족도 자매를 포기했는데, 뒤늦게 교회 목사가 병원에 입원시켜서 다시 생명을 살리게 되었다는 자매는 너무도 소중한 영혼으로 보였다. 그 자매를 보낸 뒤 눈물이 흘렀다. 병으로 아파하는 자매의 모습이 마음 아프고 여동생 생각이 떠올라서였다.

성만교회를 위해 일했던 여동생을 까맣게 잊고 살았던 내게, 그 자매는 다시 우리 교회의 성도들을 돌아보게 했다. 누가 알아주지 않아도, 묵묵히 자신의 자리에서 최선을 다하는 소중한 성도들이 늘 건강하기를, 그래서 오래도록 함께하기를 기원한다.

조금만 더

몇 해 전, 부천 여월동에 신도시가 생기고 종교 용지 3군데가 나왔다는 말을 들었다. 교회에 모인 집사들과 대화하던 중에 우리 교회가 그곳으로 갈 수 있다면 더할 나위 없이 좋은 일이 될 것이라고 말한 적이 있다.

사실 대한민국에서 교회 밀집도 1위가 부천이고, 부천 중에서도 교회가 가장 많은 곳에서 목회하는 내게 주님이 허락하시면 새로운 곳으로 가야겠다는 마음이 있었다. 하지만 당시 여월동에 생기는 신도시 종교 용지는 꿈도 못 꿀 장소였다. 그곳에 미리 땅을 사놓은 교회가 있었고, 이미 거기서 목회하는 분도 있었기 때문이다. 그런데 그 종교 용지 중에서 가장 넓고 좋은 곳을 주님께서 우리 교회에 허락해 주셨고, 오늘 그곳에서 기공예배를 드리게 된다.

사실 우리 교회 성도들과 나는 내세울 만한 것이 없는 사람이다. 뛰어난 은사가 있는 것도 아니고, 특별히 잘난 게 있는 사람도 없다. 그저 놀기 좋아하고, 장난치기 좋아하고, 먹기 좋아하는 목사와 성도가 모여서 주님께서 주신 은혜대로 웃으며 이 길을 걸어왔다. 주님은 소꿉장난하듯 목회하고 신앙생활 하는 모습이 보기 좋으셨는지 우리에게 새로운 은혜를 베푸셨다.

권한만큼 책임을 진다는 '노블리스 오블리제'. 주님께서 우리에게 은혜를 베푸신 것은 우리가 감당하기를 바라는 뭔가가 있어서가 아닐까 하는 생각이 든다. 주님의 은혜에 보답하기 위해, 모두에게 부끄럽지 않은 목회자가 되기 위해, 나는 더욱 노력하는 수밖에 없을 것이다.

아이를 많이 낳은 어느 할머니가 이런 말을 하셨다고 한다.

"아! 똥 누는 것보다 조금만 더 힘주면 되는 거야!"

그저 우리가 지금까지 해왔던 것보다 좀 더 주님과 이웃을 섬긴다면 주님은 분명 기뻐하실 것이다.

기도의 기쁨

나는 엄마 뱃속에서부터 신앙생활을 해
왔다. 어릴 때는 새벽에 가정예배까지 드렸다. 그러나 지금 와
생각해 보면 그때의 교회 생활은 그저 종교 생활이었지 신앙
생활은 아니었던 것 같다.

그러던 어느 날, 마음속에서 '기도하고 싶다'라는 생각이 들
었다. 처음으로 산에서 기도한 그날, 주님은 날 만나 주셨고 그
때 이후로 나의 신앙생활은 분명히 달라졌다. 어릴 적부터 날
보아온 분들이 놀라기 시작했고, 처음에는 이상하게 생각하던
회사 동료들도 차츰 시간이 지나자 나에게 '목사'라는 별명을

붙여 주었다.

기도하다 체험한 '방언의 은사'는 더 많은 기도 시간을 가능
하게 했고, 주님과 교제하며 그분의 마음을 조금씩 알아가게
되었다.

내가 섬기던 교회에 원영이라는 5살 꼬마가 있었다. 어느 날
원영이가 길 건너에 있는 엄마를 보고 건너오다가 커다란 덤프
트럭에 치여 죽고 말았다. 그 상황을 눈앞에서 본 엄마는 충격
을 받아 정신질환을 앓게 되었다. 이 사건으로 인해 교회 분위
기는 침울했고, 원영이네 가족은 말할 수 없는 참담함에 빠지
고 말았다.

그러던 어느 날, 내가 담당했던 중고등부 기도 모임에 원영
이 어머니가 참석해서 함께 기도했다. 그때 원영이의 어머니는
방언을 체험하며 원영이의 환상을 보게 되었다. 원영이는 너무
도 밝은 곳에서 손을 흔들며 말했다.

"엄마, 난 여기서 행복하게 잘 있어. 그러니 엄마도 주님 잘 믿
다가 나중에 다시 만나!"

그 순간 비통함으로 시간을 보내던 원영이 어머니의 얼굴에

화색이 돌았다. 그리고 얼마 후에 원영이의 어머니와 아버지는 셋째 아이를 가지며 충성스러운 성도로 돌아왔다. 이렇듯 성령의 만지심은 우리의 환경을 뛰어넘는 커다란 힘이 있다.

김우현 프로듀서가 지은 《하늘의 언어》라는 책이 있다. 그 책에는 원영이 가족과 비슷한 이야기가 많이 담겨 있다. 성도들이 그저 지식으로만 종교 생활하다가 주님의 임재를 체험하고 나서 진정한 신앙생활로 변했음을 이야기해 준다. 타락한 인간은 구원받았지만 아직도 죄의 흔적이 남아 있어 세상의 재미를 기웃거리게 된다.

그러나 성령의 체험은 세상의 기쁨과 비교할 수 없는 감격을 가져다 준다. 그때부터 사실 기도가 '지루함'이 아닌 '황홀함'이 된다. 신앙생활을 지루해하는 성도들이 성령 체험을 통해 기도의 기쁨을 체험할 수 있길 소망한다.

한 장의 사진

        얼마 전 가족끼리 사진첩을 정리할 기회가 있었다. 사실 사진을 찍어도 그때뿐이지, 정리를 잘하지 못하는 내 성격상 앨범을 볼 기회가 없었다. 그런데 어느 틈에 아내가 커다란 박스 두 개에 앨범을 차곡차곡 정리해서 담아 두고 있었다.

    앨범을 보며 남는 게 왜 사진뿐이라는 건지 알 것 같았다. 이리저리 사진첩을 들춰 보다가 그 옛날 천막교회 때의 사진을 한 장 발견했다.

"아! 이런 사진이 있었나?"

전혀 예상치 못했던 사진이었다. 가난하고 어려운, 그나마도 다른 사람이 농사짓는 땅을 빌려 천막교회를 개척한 시절이었다. 그 시절 상가를 빌려 개척교회를 시작하는 분도 있었지만, 대부분은 천막을 치고 시작했다. 그런데 막상 천막을 치고 하자니 여러 가지 문제가 많았다. 그냥 맨땅에 의자를 들여놓을 수 없어 바닥을 콘크리트로 만들기 위해 레미콘이 왔지만, 운전하는 기사는 "이곳은 밭이라 바퀴가 빠지기 때문에 자동차가 진입할 수 없다"라고 말한 뒤 돌아갔다.

그래서 추운 겨울날, 우리는 직접 시멘트와 모래를 사와 리어카로 이동시킨 뒤 겨우 바닥 콘크리트 공사를 했다. 추운 데서 오래 일해서 그런지, 나는 얼마간 얼굴이 돌아가서 침을 맞으며 치료를 받았다.

그렇게 내가 추억에 빠져 있을 때쯤, 사진을 보고 있던 아내와 아이들이 까르르 웃었다.

아내가 "아빠가 옛날엔 이렇게 생기셨는데, 엄마를 만나서 멋진 모습으로 바뀌었다"라고 웃으며 말하자 아이들도 다 동감하는 듯한 눈치를 보였다. 그리곤 아내가 뭔가 작심했는지

내친김에 조그마한 액자에 그 사진을 넣어서 내 목회실에 갖다 두었다. 이런 모습의 청년을 목회자로 만드신 주님의 은혜를 잊지 말라는 무언의 압력처럼 느껴졌다.

내 책상 앞에 있는 그 사진이 굉장히 정겹게 느껴진다. 아이들 얼굴을 보니까, 한 명 한 명 생각나면서 예전에 함께했던 일들이 떠오르기도 한다. 아! 한 장의 사진은 그 시절로 돌아가게 만드는 힘이 있었다.

슬며시 미소 짓게 하는 한 장의 사진, 20대 청년으로 돌아가게 하는 사진이 지금 내 방에 있다.

언제 기회가 되면 모두 놀러 와서 함께 추억을 이야기했으면 좋겠다. 단, 사진을 보면서 놀라진 말기를.

거룩한
바보들의 꿈

4

성만교회 이야기

이야기
넷

삶이 예배다!

성만 스타일 동영상

두 가지 선물

얼마 전 심방한 가정에서 한 장로님의
이야기가 나왔다. 가난하고 고단한 시절 김종복 장로님은 우리
어머니의 구역장이셨다. 지금은 연세가 90세가 넘었지만, 예나
지금이나 한결같은 모습으로 교회와 성도를 섬기신다.

고만고만한 아이들이 6명이나 있는 가정에서 구역 예배를
갈 때면, 어머니는 마음이 약해 우리를 다 데리고 가지 못하셨
다. 어머니는 캄캄한 저녁에 구역 예배를 드리러 갈 때면 길동
무로 나를 데리고 가셨다. 구역 예배가 끝난 뒤 다과가 나오는
데, 먹을 게 흔하지 않던 시절이라 찐빵 하나도 얼마나 귀했는

지 모른다. 하나를 먹은 다음 하나를 더 먹고 싶어도 선뜻 손을 내밀지 못하는 내게 김 장로님은 "찬용이 하나 더 먹어야겠어요. 그래야 키가 쑥쑥 크지" 하면서 내 손에 찐빵 하나를 더 쥐어 주곤 하셨다.

언젠가 우연히 만난 자리에서, 내 손을 꼭 잡고 말하셨다.

"목회 잘해 줘서 고맙다! 좋은 목사님이 되어 주셔야 해요!"

그런데 그 장로님이 내가 심방한 가정의 구역장이기도 했다는 것이다. 많은 사람의 기억 속에 김종복 장로님은 생각만 해도 마음이 따뜻해지는 그런 분이다.

바울은 〈디모데전서〉 3장 13절에서 이렇게 기록하고 있다.

집사의 직분을 잘한 자들은 아름다운 지위와 그리스도 예수 안에 있는 믿음의 큰 담력을 얻느니라"

직분을 잘 감당한 자에게 주어지는 두 가지 보상이 있는데 첫째는 아름다운 지위와 둘째는 믿음의 큰 담력이라는 것이다. '아름다운 지위'라는 표현을 하나님과 사람 앞에서 좀더 높은 계급 하나 더 얻는 것이라 오해할 수도 있다. 그런데 사실은 직분을 잘 감당했을 때 그 다음 축복을 얻을 수 있는 어떤 단계를 의미한다. 즉 사명을 잘 감당할 때 하나님이 그에게 크고 중요한 책임을 또 맡긴다는 것이다. 이는 사람을 쓰시는 하나님의 방법이기도 하다. 또 교회에서 그 사람에 대한 평판이 아름답다.

'믿음의 큰 담력'이라는 말은 확신을 의미한다. 이상한 것은 봉사 없이는 절대 신앙이 자라지 않는다는 사실이다. 물론 신앙이 성장하는 데는 성경 공부나 깊이 있는 기도 생활을 포함한 여러 가지가 있지만, 봉사는 신앙이 성장하는 데 있어 가장 훌륭한 지름길이다. 봉사를 열심히 하던 성도가 갑자기 그 봉사를 그만두고 나면 이상하게 신앙이 자라지 않는 걸 볼 수 있다.

가족 식사 자리에서 내가 심방한 이야기를 하다가 김종복 장로님에 대한 이야기가 나왔다. 그러자 형제들은 너도 나도 그분에 대한 추억을 이야기했다. 그분은 아름다운 지위와 믿음의 큰 담력을 갖고 계신 분이었다.

누군가 나를 생각할 때 마음 한편이 따뜻해지는 하나님의 사람이 되기를 기도한다.

판사 청년

지난 토요일, 마포에서 판사로 근무하는 한 청년이 상담을 요청했다. 올해 31살인데 현직 판사이면서도 금요기도모임과 주일 2, 3부 예배에 모두 참석해 음향엔지니어로 봉사하는 청년이다.

상담 이유는 내가 금요기도모임 시간에 '물질의 동역자'가 생기도록 기도해 달라고 했던 게 마음에 걸렸던 모양이었다. 청년이 사법연수원 시절, 2만 5천여 명이 사법고시 시험을 치렀다. 그때 그는 1차에서 18등으로, 2차에는 차석으로, 똑똑하다는 연수원생 1,000명 중에서 7등으로 졸업한 수재였다. 게 다가 신앙생활까지 잘한다는 것을 알고 우리나라에서 가장 큰 학원장의 딸과 만나 달라는 요청을 받기도 했다. 또 300억 원이 넘는 자산가가 자신의 외동딸을 꼭 한 번만 만나 달라고 부탁했다. 하지만 돈에 팔려가는 것 같다고 정중하게 거절하던 청년이었다.

그런데 내가 금요기도모임에서 물질 동역자를 위해 기도해 달라고 했던 말이 부담이 됐던 청년은 내게 이렇게 말했다.

"목사님! 저는 누구를 만나도 행복할 자신이 있고, 상대방도 행복하게 해줄 자신도 있습니다. 하니 목사님을 물질로 도울 수 있는 가정의 규수를 제게 소개시켜 주십시오."

청년은 지금 공무원의 신분이기에 나를 물질로 돕고 싶어도 능력이 안 되니까 안타까웠던 모양이다. 현대판 심청이가 따로 없었다. 나는 사람을 이용해서 일할 생각이 아예 없을 뿐만 아니라, 목사가 그렇게 하면 마음이 편하겠는가? 성도가 행복하고 능력 있는 그리스도인으로 하나님께 쓰임받으면 그것으로 족한 게 목회자의 솔직한 마음이다.

그래도 막상 청년에게 그런 말을 들으니까, 얼마나 마음에 감사가 넘치던지!

　누구든 자신의 이익 앞에서 약해질 수 있고, 저 정도 잘났으면 가문 좋고 능력 있고, 자신을 도와줄 여자를 얼마든지 만날 수 있을 텐데 아예 그런 생각이 없는 청년을 보니 정말 내 마음이 뿌듯했다.

"머리도 좋아, 능력도 있어, 생긴 것도 그럭저럭 괜찮아, 직업이 판사야, 게다가 겸손하기까지 해! 그렇다면 우리같이 평범한 사람들은 도대체 어떻게 살아야 하는 것일까? 하하."

교사들의 열정

지난주에 중·고등부에서 제주도로 2박 3일 동계수련회를 다녀왔다. 중·고등부 교사가 38명이라고 하는데, 정말 바쁜 교사 5명 빼곤 다 참석했다.

정말 환경이 문제가 되지 않는다는 걸 다시 한 번 깨닫는 시간이었다. 어려운 환경 가운데도 회사에 휴가를 내고, 거래처에 양해를 구해 참석한 교사도 있었고, 태어난 지 1년 된 아기를 안고 참석한 이도 있었다.

둘째 날 저녁 기도 시간, 중·고등부 교사 중에 정말 휴가 내기 어려운 교사들이 퇴근하자마자 공항으로 달려가 집회 시간에 맞게 도착했다. 밤 9시가 넘어서 온 교사들은 마지막 기도 모임을 할 때 자기가 맡은 반 아이들을 끌어안고 기도했다. 그리고 다음날 새벽 5시 30분 비행기로 올라가 각자 자기의 자리로 출근했다. 너무 바빠 참석하지 못한 교사는 카톡으로 중보 기도하고, 상황이 어려운 교사는 물질로 헌신하고……. 옆에서 보는 것만으로도 감동이었다.

첫째 날 저녁 집회 전에 교사들과 잠시 모임을 가졌다. 아이들을 위해 함께 기도하기 위한 자리였다. 우리가 끝까지 최선을 다하자 말하고 기도를 시작했는데, 그 모임이 불덩어리가 되었다. 방언 기도를 아직 못하는 한 교사가 그 자리에서 방언으로 주님을 찬양하기 시작했다. 이어지는 집회에서는 은혜받은 교사들이 자기 반 아이들을 끌어안고 기도하자, 아이들이 서서히 변하기 시작했다.

그 순간 교사들의 모습에서 간절함이란 단어가 보였다. 나역시 주님께 도움을 구했다.

"주님! 저 교사들의 헌신을 보시고, 아이들에게 은혜를 부어 주세요."

아이들과 함께 뒹구는 교사들을 보면서 저절로 '우리 아이들이 참 복 있는 아이들이구나!' 하는 생각이 들었다. 냉담하고, 타락한 세상에서 주님의 마음을 품고 영혼을 대하는 교사들이 있기 때문이다.

사실 교회에서 교사라는 직책은 눈에 띄는 직분이 아니다. 영혼을 대한다는 게 건물 올라가듯이 시간이 지나면 보이는 게 아니기에 참 힘든 일이다.

그럼에도 아이들을 품에 안고 주님의 도움을 구하며 나아가는 중·고등부 교사들. 그들을 선생님으로 둔 아이들이 어찌 귀하게 자라지 않겠는가?

이런 교사들과 함께 동역한다는 게 정말 감사하고 행복했다. 나는 정말 복 많은 목사임에 틀림없다. 주님께 저절로 고백과 결단의 기도가 나왔다.

"감사해요, 주님! 열심히 하겠습니다. 충성!!!!"

깨물어 주세요!

"목사님! 머리 좀 깨물어 주세요!"

지난 주일 3부 예배가 끝난 뒤 밖으로 나가는 성도들에게 인사하는데, 이번에 초등학교에 입학한 박철순, 김지은 집사 부부의 아들이 내게 다가와 한 말이다. 녀석이 양손에 자기 또래의 여자친구, 남자친구를 한 명씩 잡곤 천연덕스럽게 내게 다가와 말했다.

"그래!"

녀석의 머리를 깨물어 주었다.

"아얏!"

녀석의 외침과 동시에 양쪽에 있는 아이들 눈이 왕방울만 해졌다. 눈앞에 벌어진 일을 도저히 못 믿겠다는 표정이었다. 내가 "아! 맛있다!" 하며 입맛을 다시자, 민재는 머리를 긁적이며 웃었고, 양쪽에 있는 아이들은 이게 도대체 무슨 일인지 모르겠다는 표정을 지었다.

"너희들도 깨물어 줄까?"
"아니에요! 아니에요!"

민재와 나는 눈웃음을 교환했다. 민재는 의기양양한 모습으로 "야! 가자!" 하며 아이들에게 아무렇지 않은 듯 말했다. 성만교회 담임 목사가 자기 친구인 듯 '내 말 잘 듣는 거 봤지?' 하는 표정으로 아이들을 데려갔다.

아마 이 순간을 나도, 민재도, 민재 옆에 있던 아이들도 평생 잊지 못할 것이다. 내게 다가와 좀 깨물어 달라고 머리를 댄 것은 민재가 처음이었다. 민재와 온 다른 아이들에게도 이것은 굉장히 낯선 경험이었을 것이다.

지난주에 인천 송도에서 참나무 장작 화덕 피자집을 경영하는 상혁이를 만났다. 얼마나 장사가 잘되는지 나도 가서 한 30분을 기다렸다가 먹었다. 오후 3시부터 5시 30분까지는 브레이크 타임이라고 한 10여 팀의 손님을 돌려보내기도 했다.

오랜만에 만난 녀석에게 "착하게 살지?" 하자 녀석은 머리를 긁적이며 "목사님! 너무 오랫동안 머리를 물리지 않아 제가 정신을 못 차린 모양입니다!" 했다. 상혁이의 아내는 굉장히 황당해하며 어떻게 목사님이 머리를 물고, 아이들이 그걸 추억하는지 모르겠다고 했다.

이제 나도 나이가 있어 아이들을 그만 괴롭히려고 한다. 그런데 이젠 아이들이 좀 더 괴롭혀 달라고 요청한다. 나는 점잖고 거룩한 목사이기보다 아이들과 친구 같은 목사가 되어 가나 보다. 그런데 사실 이게 내 체질이기도 하다. 그냥 이 모습으로 쭉 살아야 하는가 보다.

위대한 결심

성도 9명과 함께 필리핀 선교를 다녀왔다. 이번 선교에 동참한 한 집사는 칼국수 가게를 운영하는 분이다. 돕는 손길 없이 부부가 같이 일하는데도 아내는 남편에게 이렇게 말했다.

"여보 걱정하지 말고 잘 다녀오세요. 제가 돈 많이 벌어 놓을 테니까 목사님 잘 도와 드리세요."

사실 웬만한 여자 같으면 "자기는 놀러만 다니고, 고생은 나

혼자하느냐?"라고 말할 수도 있을 것이다. 하지만 믿음 좋은 아내를 둔 한 집사는 목소리를 높여 아내 자랑을 했다.

"목사님! 제 아내는 그저 목사님이 하신다고만 하면 순종하라고 하잖아요. 또 목사님이 '네' 하라고 해서 그냥 편하게 선교에 동참하게 됐습니다."

그렇게 한 집사는 우리 일행의 주방장이 되어서 얼마나 음식을 잘 대접해 주는지 동참한 여성들은 정말 행복한 시간을 보냈다. 음식 준비, 설거지나 궂은 일을 한 집사가 모두 했다.
선교에 처음으로 동참한 이 집사는 베스킨라빈스 아이스크림 가게를 운영하는 분이다.

"목사님! 사실 우리 같은 가게는 노는 날이 더 바쁘거든요. 그런데 아내가 걱정 말고 다녀오라고 해서 걱정 반, 기대 반으로 선교를 왔는데요. 참 느끼는 점도 많고, 감사한 점도 많은 시간이었습니다."

요즘 싼값에 나온 동남아 패키지 여행 상품이 얼마나 많은지 모른다. 그럼에도 불구하고 우리는 그보다 두 배나 더 되는 비용을 내서 같이 선교하고 온 것이다.

가는 곳곳마다 우리 성도들의 섬김을 통해 "아! 세상에는 돈보다 더 귀한 가치들이 이렇게 많구나!" 하는 것을 새롭게 느낄 수 있었다. 그리고 남자 성도들이 하는 이야기들을 들으면서 아내가 어떤 믿음으로 사는가에 따라서 남편의 헌신 정도가 크게 달라진다는 것도 새로 발견할 수 있었다.

정말 같이 가고 싶었지만 경제적으로나, 상황적으로 형편이 안 된 성도도 있고, 여러 가지 사정이 생긴 성도가 있다는 것도 알고 있다. 하지만 때론 과감하게 모든 걸 떨쳐버리고 주님과 함께하는 '결단'이 필요할 때가 있다. 주님이 일상적으로 우리에게 그런 걸 요구하는 건 아니지만, 간혹 그러한 결심을 요구할 때가 있다. 그럴 때 "네!" 할 수 있는 우리가 되었으면 좋겠다.

그리운 어머니

"아! 왜 일찍 시작하지 못했을까?"

지난주 수요일 어머니 기도회를 마친 뒤 마음속에 드는 생각
이었다. 어머니는 자고 있는 6남매 중, 유독 나를 깨워서 새벽
예배에 가곤 하셨다. 그 옛날 새벽길을 걸어서 어머니와 함께
예배에 참석하면 집에서 교회 의자로 잠자리만 바뀔 때도 많았
다. 하지만 새벽에 어머니와 함께 교회에 다녀오는 길은 참 행
복했다.

어머니의 손은 부드럽지도 않았고 그렇다고 많이 거칠지도

않았다. 조금은 꺼끌꺼끌한 손이었다. 그러나 그 손을 잡고 새벽길을 걷던 기억은 때때로 내 머릿속에 떠오르는 자산이 되었다.

매일 아침 6시면 가정 예배를 드리던 어린 시절도 있었다. 나는 그 예배가 너무 힘들었다. 아버지에게 야단을 맞으면서도 핑계를 대고 도망가는 날도 있었다. 6시 전에 집을 나가야만 가정 예배를 안 드렸으니 나도 부지런을 떨어야 겨우 가정 예배에서 해방될 수 있었던 것이다.

어느 날 새벽, 그날도 일찌감치 도망을 치는데 부엌에서 말소리가 들렸다.

"도둑이 들었나?" 해서 부엌을 봤더니 어머니가 연탄불에 밥을 안쳐 놓고 기도하는 소리였다. 그 속엔 나를 위한 기도도 있었다. 한쪽 마음이 울컥했지만 그날도 도망쳤다.

바로 그해 10월, 어머니는 내 품에서 돌아가셨다.

"찬용아!" 하며 눈을 감으셨는데 나는 주무시는 줄 알았다. 그런데 옆에 있는 어른들이 돌아가셨다고 했다. 도저히 실감이 나질 않았다.

"엄마, 주무시잖아요? 그런데 왜 돌아가셨다고 해요?"

도저히 믿기지 않는 내 눈엔 눈물 한 방울 나지 않았다.

세월이 많이 흘러 내가 주님을 만나고 목회자가 되었다. '엄마!'라는 단어가 내 주변에서 들리거나, 읽힐 때마다 가장 먼저 생각나는 게 있다. 엄마와 함께 손을 잡고 새벽 예배 가던 길, 연탄불 위에 밥을 안쳐 놓고 나를 위해 기도하던 엄마의 모습이다.

엄마가 너무 보고 싶고 그립다. 이상하게 나이가 들면서 엄마가 더 그리워진다. 바로 그 어머니들이 모여 자식을 위해 기도하기 시작한 것이다.

기도회가 끝나고 나면 어머니들의 눈은 대부분 붉게 충혈되어 있다. 자녀들을 위해 그 옛날 내 엄마가 기도하셨던 것처럼, 모두들 그렇게 기도한 것이다. 그 모습이 얼마나 아름답게 보이는지 모른다.

그 순간 내 마음에 왜 이런 기도회를 더 일찍 시작하지 못했을까 하는 생각이 들었다. 앞으로 특별한 일이 없는 한 항상 자녀를 위해 기도하는 시간을 가지려고 한다. 그 자녀들이 언젠가 엄마를 그리워하는 지금의 내 모습으로 서 있는 날이 오지 않을까.

이훈재 집사

주일학교 사랑부에 속한 장애 아이가 화상을 입어 병원에 입원했다. 부랴부랴 부천에 있는 병원으로 심방을 갔다. 사정을 들어보니 가족이 그 아이를 집에 두고 잠시 가게에 물건을 사러 다녀오는 중에, 그만 냉장고에 누전이 되어 불이 난 것이었다.

그 조그마한 녀석은 불이 나도 자기 몸 하나 움직일 처지가 못 되기 때문에, 그냥 넋 놓고 자기를 향해 달려오는 불을 바라보기만 했다. 가족이 불난 집에 들어가 극적으로 아이를 구했다. 너무 갑작스럽게 당한 일이라 어찌할 줄 몰랐지만, 정말 불행 중 다행으로 아이는 큰 사고를 당했음에도 불구하고 생명에는 지장이 없었다. 얼굴에 약간의 화상을 입었는데 허벅지에서 살을 떼어 이식 수술을 한다고 했다.

심방 갔을 때, 아이를 담임하는 사랑부 교사 이훈재 집사가 먼저 와 있었다. 나는 "아! 우리가 심방한다고 하니까 미리 오셨구나!"라고 생각했다. 그런데 기도 후 아이의 어머니가 이훈재 집사에게 정말 고마워했다.

이유인즉, 한 달 전 아이가 사고를 당한 때부터 지금까지 이훈재 집사는 시간이 나는 대로 병원에 와서 아이를 돌봐 주었던 것이다. 담임 목사인 나는 바쁘다는 핑계로 이제야 겨우 얼굴을 디밀었는데 말이다. 아이의 엄마는 사랑부 교사인 이훈재 집사의 헌신에 감동을 받고 있었다.

"세상에! 너무 감사해요! 아이의 담임 선생님 덕분에 병원 생활에 큰 도움을 받았어요. 우리 아이가 정말 선생님을 잘 만났어요!"

마음을 담은 감사를 표현하고 있었다. 이훈재 집사는 교회에서 조용히 신앙생활을 하는 터라 성도들은 그가 누구인지도 모른다. 아들 형우 청년과 함께 2부 성가대에서 봉사하며, 사랑부를 섬기고 있다. 이 집사의 아들 형우 군은 조명회사를 다니는데 이번에 아이의 집을 수리할 때 LED조명으로 모두 교체해 주었다고 했다. 어머니인 이훈재 집사는 시간이 나는 대로 아이의 가족을 돌봐 주고 있었다.

그 이야기를 듣는데 목사인 내가 참 부끄러웠다. 누가 알아 주지 않아도 자신의 자리에서 최선을 다해 섬기는 이훈재 집사와 형우 군이 정말 고맙고 자랑스러웠다. 그리고 이제야 겨우 얼굴을 디밀고 찾아온 내가 주님 앞에 죄송했다.

목회는 이렇게 성도들이 주는 감동과 주님 앞에 설 때 죄송한 마음이 공존하는 것이다.

멈출 수 없는
애정 표현

지난 주일, 낮 예배가 끝난 뒤 조금 한가한 시간에 카페에 들렀다. 그런데 내가 들어서자 갑자기 분위기가 이상해졌다. 금요기도모임을 나오지 않은 청년들이 나를 피해 카페 안에 숨어 있다가 갑자기 내가 들어가자 당황했던 것이다. 나는 아무 생각 없이 카페에 들어갔기 때문에 그 친구들이 조용히 커피만 먹고 있었으면 아무것도 몰랐을 것이다. 그런데 내가 들어서자 후다닥! 도망가는 녀석들을 보고 알아채고 말았다. 청년 회장을 맡고 있는 정형재 군과 다음 달 결혼하는 김종우 청년이었다.

중·고등부 시절부터 줄곧 교회에 다닌 이 녀석들은 참 오랫동안 나와 같이 모든 일을 함께했다. 교회가 3층 46평에서 지하 184평을 얻어 이사할 때도, 상동의 교회를 지을 때도, 이곳 여월동에 교회를 건축할 때도 녀석들은 조막만한 손으로 빨간 벽돌을 나르기도 했다. 내게 녀석들은 교회 청년부 이상의 의미가 있었다.

이제 녀석들은 결혼을 앞두고 있고, 거의 서른 살이 다 되었지만, 이상하게도 그 또래의 청년들을 만나면 더 괴롭히고 싶다. 녀석들도 나를 만나면 맞는 게 당연한 줄 안다. 맞는 아이들이나 때리는 나나 그걸 보는 성도들이나 모두 너무나 당연하게 받아들인다.

"아! 목사님! 잘할게요."
"퍽! 퍽!"

맞으면서도 녀석들은 여전히 낄낄거리며 웃는다. 그렇게 목사는 때리고, 녀석들은 맞고 있다.

이렇게 좋은 모습으로 성장한 청년들이 교회 곳곳에 있는 모습을 보면 주님께 참 감사하다. 50세가 넘은 목사가 때리고, 서른이 다된 청년이 맞으면서도 좋은 모습을 간직할 수 있는 곳이 바로 성만교회라는 생각이 들어서다.

나도 이제 아이들을 그만 때려야 할 텐데, 나만 만나면 도망가는 녀석들에게 어떤 식으로 사랑을 전할지 아직 방법을 잘 모르겠다. 그게 생각날 때까지 아마 계속 때리고, 맞고 하지 않을까?

인복

이곳저곳에서 장소가 좁다고 아우성이
다. 하지만 우리 교회 형편으론 부속실 하나 늘리는 것도 만만
치 않다. 그 와중에 영아부에서 요청이 왔다.

"목사님! 도저히 좁아서 안 되겠어요. 원준환, 양은주 부부가
　영아부를 넓히는 데 헌신하겠다는데요."

하지만 영아부의 요청을 선뜻 들어줄 수는 없었다. 교회에서
쓸 다른 공간도 필요했기 때문이다. 그래서 교역자들과 장로들

이 모여 이리저리 궁리한 끝에 복도에서부터 넓히기로 했다. 일주일만에 작업을 모두 마무리했다.

푸른색으로 도배한 영아부를 보니, 진짜 봄이 왔다는 생각이 들었다. 인테리어 부분은 돈이 많이 들어가는 일이라 꽤나 걱정했는데 원준환, 양은주 부부가 아무렇지 않게 지원해 주었다. 사실 성도들 중에는 '그 부부가 누구지?' 하는 분도 많을 것이다. 조용히 신앙생활 하는 사람들이라 모르는 게 당연했다. 하지만 그 부부는 영아부에서 유명한 잉꼬부부다. 부서에서 뭔가 하겠다고 하면 적극적으로 나서서 헌신한다.

지난 주일 성가대가 부활절 칸타타를 했다. 공연 중에 나도 울컥할 정도로 은혜가 되었다. 끝나고 난 뒤, 많은 성도가 은혜로웠다는 말을 전했다. 그런데 그 무대에 올라가는 계단을 백철용, 김은주 부부가 만들었다는 걸 아는 성도는 많지 않을 것이다. 밤마다 툭탁대며 지하 2층에서 자르고, 못 박고, 페인트칠해서 칸타타 무대를 꾸몄다. 지하에서 하는 일이라 그 부부가 한 건지 아는 사람은 몇 없을 것이다. 본당 뒤편에서부터 오르는 계단을 측량해 만든다는 게 쉽지 않은 작업인데, 부부의 헌신 덕분에 멋진 무대가 완성되었다.

칸타타가 멋지게 끝난 뒤 만들어진 무대는 교회 마당으로 철

수되었다. 만들기도 쉽지 않았지만 그 무대를 해체해서 버리는 일도 보통 어려운 게 아니었다. '저걸 어떡하지?' 하고 고민하는 순간 우리 교회 관리부장으로 헌신하는 이춘영 집사가 '짠!' 하고 나타났다. 트럭을 몰고 와서 한번에 무대를 싣고 간 덕분에 마당이 깨끗해졌다.

한 주간 있었던 일을 가만 생각해 보니, 우리 교회에는 참 좋은 분이 많았다. 드러나건 드러나지 않건 자신의 마음에 감동이 오면, 믿음만큼 능력만큼 헌신하는 분이 많았다. 내가 부교역자로 있을 때 담임 목사님은 내게 이렇게 말했다.

"이 목사는 인복이 있어서 평생 그것만 뜯어 먹어도 살 걸!"

그 목사님은 영안이 열린 분 같다. 이 맛에 나는 큰 소리 뻥뻥 치며 목회한다.

거룩한 바보들의 꿈

희망이 마차

주일 예배가 끝나면 우리 교회에서 키우는 개 희망이는 아이들을 마차에 태우고 홈플러스로 향한다. 장로들이 홈플러스 안에 있는 롯데리아에 가서 마차를 타고 온 아이들에게 치즈스틱을 사준다.

그런데 사실 개가 끄는 게 아니라 사람이 마차 앞에서 줄을 끌고 뒤에서 두 명이 민다. 마차를 탄 아이들은 엄청 좋아하는데 문제는 마차를 끄는 게 보통 일이 아니라는 것이다.

아무튼 몸무게가 40키로 정도 나가는 라브라도 리트리버 '희망이'가 끄는 마차는 매주 10명이 넘는 아이들이 태우고 홈플러스를 몇 차례 왕복한다. 아이들은 좋다고 환호성을 지른다.

개인적으로 내가 개를 좋아하기도 하지만, 예배를 마치고 부모들이 여기저기서 회의하고 봉사하는 동안 아이들끼리 시간을 보내는 게 미안하다는 생각이 들었다. 하여 백철용 집사에게 아이들을 태울 수 있는 마차를 하나 만들어 달라고 부탁했다. 그리고 할 일 없는 내가 아이들을 마차에 태워 홈플러스 롯데리아에 가서 치즈스틱을 사주기 시작했다. 아이들이 얼마나 좋아하는지! 그런데 문제는 내가 바빠지기 시작한 것이다. 새신자 영접과 교육까지 잡아 놨더니 도무지 시간을 낼 수가 없었다.

내가 하지 못하니까 잘 만들어 놓은 희망이 마차도, 늘 무지하게 먹는 희망이도 폐업 상태가 되었다. 그런데 어느 날 이젠 힘도 없는 내가 할 일이 아니라, 정말 개를 좋아하고 아이들을 좋아하는 성도가 아이들에게 아름다운 추억을 만들어 주면 좋겠다는 마음이 들었다. 해서 지금은 청년부를 중심으로 다시 아이들을 태우기 시작했다.

3부 예배 뒤 식사를 마친 다음엔 매주 희망이와 함께 달려가는 어린 꼬마들을 볼 수 있다. 그리고 앞에서 헉헉 거리고 끌고 가는 청년들과 아무 생각 없이 무지하게 달리는 희망이가 보인다. 우리 교회 장로들은 돌아가면서 아이들에게 간식을 사준다.

이 아이들이 어른이 되면 희망이를 탔던 추억을 절대 잊지 못할 것이다. 그리고 혹 교회를 떠나더라도 그 아름다운 추억이 아이들을 다시 교회로 돌아오게 할 거라는 마음도 들었다.

친구 목사가 우연히 이 이야기를 듣더니 "성만교회는 아주 개판이에요!" 했다. 그렇다! 개판 교회가 맞다. 하지만 이런 일로 개판이라면 얼마든지 할 수 있을 것 같다. 조금 더 진행하다 보면 정말 개를 좋아하고, 아이들을 좋아하는 성도가 더 나타날 거란 생각도 들었다. 그들이 희망이와 아이들을 섬기게 될 것이다.

희망이 마차의 출발은 교회 카페 앞에서 하니까, 대부분의 성도들도 볼 수 있을 것이다. 아이들이 행복해하는 모습을 보며 함께 환호하고 응원하는 우리가 되기를 기도한다.

소녀의 마음

지난 5월 할머니들을 모시고 제주도로 효도 관광을 다녀왔다. 할머니들은 제주도에 도착하자마자 17살 소녀가 되었다. 평소에 집에 홀로 있거나, 가족이 있어도 하루 종일 빈집에서 TV 하고만 대화하는 분들이었다.

"목사님! 하루 종일 홀로 집에 있으면 입에 거미줄 치는 것 같아요."

그 말을 마치고 해맑게 웃는 분들이 바로 우리의 어머니들이었다.

할머니들은 여행 중에 혹 전화가 걸려오면 옆에 누가 있거나 말거나 모든 사람이 정확하게 이해할 정도로 중계하듯 통화했다. 그래서 내가 "아! 전화 소리 좀 작게 하세요!" 하고 타박하면, "목사님! 그럼 전화를 제대로 받아야지, 여보세요~ 하고 모깃소리로 말해요?" 하고 깔깔 거리며 웃으신다. 온몸으로 긴 세월을 버텨 온 분들이라 제각기 이름이 다른 질병을 갖고 살고, 세월이 상처내 오래된 고목처럼 거친 모습을 하고 있었지만 마음만큼은 17살 소녀였다.

적당히 부끄러워할 줄 아는 마음, 환하게 웃을 수 있는 발랄함, 좋은 걸 좋다고 느낄 수 있는 감성, 17살 소녀의 마음으로 대화할 수 있는 솔직함까지 모두 갖고 있었다.

보통 제주도에 오면 젊은 커플이 찍는 사진 포즈를 나와 할머니들이 모조리 찍어 보았다.

"니들이 게 맛을 알아?" 하던 신구 선생의 광고 멘트처럼, 우리도 충분히 얼짱 각도로 사진 찍는 게 가능하다는 걸 보여 주고 싶었다. 그것이 소녀의 마음을 가진 할머니들에게 선물이될 거라 믿었다.

젊었을 때 찍지 못한 사진을 소녀 할머니와 목사가 커플로

찍은 것이다. 다녀와서 사진을 인화해 보니, 한 분 한 분이 내겐 더없이 소중하고 귀하게 보였다. 사진 속에 담긴 수줍은 미소, 멋쩍은 표정들……. 이젠 노인이 된 겉모습 안에 제주도의 푸르른 바닷가를 수줍게 거니는 소녀가 있었다. 외로워도 외롭다는 말 한마디 못하고 그저 세월을 보내는 할머니들에게 앞으로는 조금 더 활짝 웃을 수 있는 일들을 많이 만들어드려야겠다는 생각이 들었다.

"또 찬조해야 되는 거야?"라고 말하지 않고, 이 모양 저 모양으로 할머니들을 섬겨 준 성만교회 성도들에게도 고마운 마음이 들었다. 우리들의 작은 헌신이 어머니들에겐 커다란 기쁨이 되었을 것이다.

꿈을 먹고
살지요!

"어! 쟤가?"

　이번 5월 5일에도 어김없이 "꿈을 먹고 살지요!" 행사를 진행했다. 그런데 이번에는 중학교에 들어간 홍수미 집사의 큰딸 원진이가 페이스 페인팅 부스에서 엄마와 함께 봉사자로 일하고 있었다. 아이들 얼굴과 손에 아주 예쁘게 그림을 그리는 원진이를 보니 지나간 시간이 떠올랐다.

　엊그제만 해도 자기 얼굴에 잠자리를 그리고 내게 와선 "목사님! 예쁘지요?" 하며 봐달라고 떼쓰던 아이었는데 이젠 봉사자의 자리에 엄마와 나란히 앉아 있었던 것이다. 세월이 빨리 흐른다는 걸 실감하는 자리였고, 열심히 봉사하는 모녀를 보는 기쁨은 목회자가 누리는 행복이었다.

지난 10년간 우리 모두는 참 열심히 행사를 준비했다. 이젠 다른 교회와 복지관에서도 이 행사를 하기 시작했고, 부산에 있는 한 교회는 우리 교회에 방문해 행사에 대해 꼼꼼하게 묻고 가기도 했다. 전주, 수원 등 전국에서 동시에 실시된 이번 행사에 참석한 인원을 모두 집계할 순 없지만, 서울에서 3만 2천 명, 부평에서 2만 5천명, 그리고 우리가 약 2만 여명 정도 참석한 것으로 예상하고 있다.

특별히 이번에는 할머니 권사님들이 맷돌 돌리기와 다듬이를 맡아 주었다. 나는 그분들의 건강이 걱정되어 말리려고 했지만, 너무 재밌다고 꼭 넣어 달라고 보채(?)셔서 내년에도 할머니 권사님들의 봉사하는 모습을 또 보게 될 것 같다. 우리는 몸살이 날 정도로 호된 하루를 보냈지만, 그 힘든 것보다 더한 보람과 자부심이 마음속에 자리 잡고 있다.

금요기도모임이 끝난 뒤 아내와 원진이 이야기를 하다가, 세월이 참 빠르다는 것과 성도들의 고마운 마음, 그리고 변함없는 주님의 은혜를 새삼 느끼게 되었다.

"주님, 잘하고 싶습니다. 잘할게요! 저를 도와주세요."

이렇게 기도하는 목회자의 간구를 주님이 들어주셨다. 요즘
"이렇게 행복해도 되는가?" 하는 마음이 들 정도로 감사한 시
간을 보낸다.

이제 우리 교회는 이 마음으로 세상에 나가게 될 것이다. 천
천히 자유롭게 우리 주 예수님이 만왕의 왕이심을 선포하는 도
구로 쓰이기를 원한다. 우리 교회에서 자라는 2세들이 세상 곳
곳에서 아름다운 하나님의 사람으로 세워질 수 있기를, 진지한
신앙과 즐거운 생활이 진정 어떤 것인지 체험하며 함께 걷기를
소망한다.

주님을 찬양

이남형, 박은주 권찰 부부가 운영하는 은진통상이 부평 삼산동에 있다. 이남형 권찰은 뇌경색(중풍)으로 한 5년 동안 거동을 못했다. 치료받을 당시 초등학교에 다니는 어린 아들들도 있었기 때문에 그 힘든 시간을 지나는 가족을 지켜보는 내 마음도 많이 아팠다.

그는 투병하던 5년 동안 병원 침대에만 누워 있었고, 1년 반 정도는 아예 아내인 박은주 권찰이 늘 곁에서 손을 잡아 줘야만 했다.

그런 아픔을 갖고 있는 부부인데도, 매주 금요일 찬양하는 찬양팀을 위해 한 달에 한 번 식사를 준비해서 대접했다. 벌써 이렇게 봉사한 지 1년이 지났다.

예배 뒤 부부가 손을 잡고 인사하며 불편한 걸음으로 조심조심 걷던 때가 엊그제 같은데, 어느새 조금씩 호전되어 걷기 시작하더니 이제는 슈퍼에 잡화를 납품하는 사업을 새로 시작한 것이다.

아직 완벽한 모습은 아니지만, 운전도 하고 건강하게 사업하는 모습을 본 의사들은 이남형 권찰의 회복을 기적이라고 말한다. 이럴 때 목회자는 가장 기쁘다. 정말 감사한 마음으로 심방했다.

그날도 의욕적으로 일하는 이남형 권찰이 너무 멋있게 보였다. 많이 아플 땐 이렇게까지 건강하게 일어서리라곤 전혀 생각하지 못했다. 요즘도 가끔 날씨가 궂거나, 너무 몸이 피곤하면 조금씩 증상이 나타나기도 하지만 처음 보는 사람들은 그가 아팠던 것을 몰라볼 정도다.

이남형, 박은주 권찰 부부가 운영하는 은진통상을 다녀오면서 주님께 감사가 저절로 나왔다. 그들이 어려운 시간, 기나긴 어둠의 터널을 이제 막 빠져 나온 것처럼 보였기 때문이다. 주님이 사업장의 주인이 되셔서 좋은 분들을 많이 만날 수 있기를 기도했다.

그리고 우리가 이 부부를 위해 항상 마음으로 기도하고 응원하면 앞으로 더 건강하게 주님을 위해 살 수 있을 거란 생각도 들었다. 혹 누군가 이 부부를 사업적으로 도와준다면 내가 나서서라도 맛있는 짜장면 집에 데려가 배꼽이 빠질 정도로 식사를 대접하고 싶다. 이런 게 바로 목회의 기쁨이다. 이남형 권찰 부부를 보며 주님께 감사가 절로 나왔다.

아름모

　　금요일부터 '아름모'라는(아름다운 부모
모임) 성만 교회 지적장애 아이들의 부모와 아이들이 양평에
서 수련회를 했다. 일명 '자폐아'라고 불리는 아이들과 그 부
모들이 함께하는 시간이었다. 저녁 식사 뒤 부모들과 그곳에
있는 전도사 내외, 우리 교회 장로와 교역자들의 대화 시간이
있었다.

　　하루 24시간 언제 사고칠지 몰라 눈을 뗄 수가 없는 아이들
을 키우느라 부모가 얼마나 힘들까? 막연한 생각을 갖고 있었
다. 나는 대화하면서 스스로 얼마나 편견을 가지고 있는지 깨

달았다. 부모들은 아이들을 생각하면서 이렇게 말했다.

"우리 아이 때문에 사실 잃은 게 참 많습니다. 하지만 그 아이 때문에 제 인생에 정말 소중한 것들을 새롭게 깨닫기도 했어요. 너무나 감사하고 이젠 그 아이가 가장 소중한 존재입니다."

"집에 아이가 있으면 활력이 돌지만, 아이가 없으면 적막강산으로 변합니다. 저는 처녀 때도 아이들을 별로 좋아하지 않았는데, 이젠 이 아이가 얼마나 예쁜지 정말 감사하답니다."

"우리 아이 때문에 힘들어서 울 때도 많지만, 우리 아이 때문에 이렇게 신앙을 갖게 되어 감사합니다."

우리가 집에서 아이들과 대화하는 시간이 얼마나 될까? 부모의 마음을 아프게 하는 아이들, 하는 말마다 말대답하는 아이들, 자기 성질 있는 대로 부리면서 흡사 부모가 자기를 위해 존재해야 하는 것처럼 행동하는 아이들이 세상에는 참 많다. 청소년기를 그렇게 보내고 성인이 되어서도 부모의 가슴에 대못을 박는 이는 또 얼마나 많은가 말이다.

그런데 아름모 아이들은 비록 장애를 갖고 태어났지만 엄마가 울 때 조용히 다가와 눈물을 닦아 줄 수 있는 따뜻한 마음이 있다. "엄마, 사랑해요!" 하고 애교를 부리며 부모들의 품에 안기는 아이들이다. 더 이상 불쌍한 아이가 아니고, 우리와 같은 지체이자 우리보다 더 순수한 모습을 가진 아이들이었다. 그 아이들이 좀 더 편안하게 신앙생활 할 수 있도록 지금처럼 우리 모두가 그 아이와 부모를 따뜻하게 대할 수 있기를 소망한다.

좋은 사람

매주 금요일에는 성도 몇 명이 돌아가며 찬양팀과 반주자, 싱어, 방송팀에게 저녁 식사를 준비해 준다. 금요일 저녁 식사 대접을 맨 처음 시작한 사람은 남승 집사와 김희숙 권사였다. 그런데 이들이 언제부터 식사 대접을 하기 시작했느냐면 바로 남승 집사가 안수 집사 투표에서 떨어진 다음부터였다. 사실 직분자를 선출하는 게 보통 어려운 일이 아니다. 후보로 선정된 사람이 투표에서 떨어지면 교회에서 불편한 감정을 드러내는 경우가 많기 때문이다.

겉으로는 "우리 교회는 선교가 적어, 우리 교회는 구제가 적어, 우리 교회는 왜 성경 공부가 부족하지?"라고 주위 사람들을 선동하지만, 속마음은 '나를 떨어뜨려!'라고 생각하는 것이다. 이런 부분은 깊숙하게 감춰져 있기 때문에 주위 사람들이 잘 모른다.

그런데 안수 집사 투표에서 떨어진 남승 집사는 매주 금요일 식재료를 준비해서 찬양팀을 위해 저녁 식사를 준비했다. 맨 처음 시작할 때 주위 사람들의 시선이 따갑기도 했을 텐데 개의치 않고 묵묵히 식사를 감당한 지 어느덧 3년이 지나고 있었다. 그 무렵 감동받은 몇몇 분이 더 지원해서 이제는 한 달에 한 번쯤 식사 준비를 하게 되었다.

그렇게 매주 금요일 식사 준비로, 중등부 부장으로 섬기던 남승 집사가 미국에 가게 되었다. 한 3개월쯤 미국에 머물며 그곳에서 계속 살지, 아니면 돌아올지 결정한다고 했다. 마지막 식사는 금요일에 식사 대접하는 모든 분과 함께 준비해 주었다. 아직 꽃게 값이 꽤 나갈 텐데 소래에서 꽃게를 잔뜩 사다가 꽃게탕을 끓이고, 50여 명이 먹을 수 있도록 꽃게를 쪄 주었다. 음식을 먹기 전 내가 기도하려는데 왜 이렇게 목이 메는지…….

주님께 참 고마운 마음이 들었다. 이들이 목회자의 마음에 좋은 사람으로 남게 해주셔서 정말 감사했다. 또 남승·김희숙 부부가 미국에 있든지 한국에서 같이 있든지 영원한 나의 동역자로 마음에 남을 것 같았기 때문이다. 마지막까지 아름답게 섬기려는 부부의 삶 속에, 주님께서 은혜로 돌보아 주시길 부탁했다.

목회는 늘 기쁨과 안타까움이 공존하는 자리다. 가슴 한편이 먹먹해도 그저 주님만 봐야 하고, 억울하고 답답한 일이 있어도 그저 주님만 봐야 하고, 좋은 사람들이 곁에 있어도 그들을 보기보단, 이렇게 멋진 동역자를 허락하신 주님만 봐야 하는 자리이기에……. 오늘도 주님께만 집중하기를 소망하며 이 길을 걷는다.

국숫집
장 권사

"목사님! 석바위 쪽에서 한 군데 더 심방
하실 수 있겠어요?"

지난주 김성용 간사가 뮤직 스튜디오를 시작해서 부평쪽에
심방을 가는데 여전도사가 내게 한 말이다. 우리 교회 장옥기
권사가 석바위 지하상가에 국숫집을 시작했는데, 이상하게 시
간이 여의치 않아 심방을 못했다. 때마침 부평쪽에서 심방한다
는 소식을 들은 장 권사가 우리에게 와달라고 전화했다. 그렇
지 않아도 늘 한 번 가야지, 가야지 하면서도 찾아가지 못해 마
음에 걸렸는데, 이번엔 아예 그곳에서 식사하기로 하고 출발했

다.

석바위 지하상가 한구석에 작은 국숫집이 보였다. 잔치국수
한 그릇에 1,000원, 김밥 한 줄에 1,000원이라고 써 있었다.

"이렇게 가격을 싸게 받으면 몸만 축나지."

장 권사가 안타까웠다. 그런데도 장 권사는 씩씩하게 다가와
서 인사를 건넸다.

"목사님! 와주셔서 고맙습니다!"

점심시간이 조금 지난 시간인데도 손님은 계속해서 밀려들
었다. 장 권사는 서두르지 않으면서도 빠른 손놀림으로 주문
을 받아 음식을 만들어 냈다. 때마침 그날은 국수를 배워 다른
곳에 개업하려는 우리 교회 집사도 출근한 첫날이었다. 집사는
김밥을 썰어오면서 "목사님! 제가 처음으로 썬 김밥이에요" 하
고 웃었다.

"손님이 많은 건 좋은데, 괜히 장 권사가 너무 고생하는 게
아닌가."

내 마음을 장 권사가 읽었는지 이렇게 말했다.

"목사님! 손님들이 다 잔치국수만 먹는 건 아니에요. 쫄면이
나 비빔밥도 시키고요. 제가 하루 일해서 버는 수익이 그래도
괜찮아요!"

아마도 장 권사가 우리 교회에 처음 왔을 때가 30대 말이었을 것이다. 이젠 50세가 훨씬 넘는 장 권사는 언제나 바쁘고 힘겹게 살았다. 용케도 힘든 고비를 잘 넘겨 이젠 자신의 가게까지 차린 모습을 보니 내 마음도 기뻤다.

"목사님! 내년부터는 제가 주일에 국수를 삶아서 성도들을 대접해도 되겠어요?"

"네? 뭐라고요?"

한주일 내내 국수와 씨름하는 분이 주일에 또 국수를 삶아 성도들을 대접하겠다는 말에 놀라서 다시 물었다. 장 권사는 확고한 마음을 보이며 말했다.

"지난 10여 년간 주님이 저를 분식집에서 훈련시키신 것은 저처럼 형편이 어려운 성도들이 제게 배워서 자립할 수 있도록 돕기 위한 것 같아요. 그리고 주일에 성도들을 대접할 수 있도록 훈련시키신 거고요."

"그냥 한 달에 한 번 정도만 하세요!"

내 마음에는 "그게 말이나 돼요? 일주일 내내 국수를 삶는 양반이 주일에 또 국수를 삶아요? 지겹지도 않으세요?" 하는 말이 목구멍까지 찼는데도, 차마 권사의 말을 정면으로 거절하지 못한 마음 약한 목사가 되고 말았다.

오합지졸의
산기도

성도들과 21일 동안 기도 모임을 하기로 했다. 정해진 것은 아니었지만 기도하기 원하는 성도가 있고, 또 그럴 상황이 만들어져서 원하는 분들은 교회로 오라고 했다. 주일 저녁 예배 때 말했더니 십여 명 정도의 성도가 매일 저녁 9시에 모였다. 매일 교회에서만 기도하기는 답답해서 목요일 저녁에는 산기도를 가기로 했다.

"산기도!"

말이 좋아 산기도지, 산에서 기도한 경험이 있는 성도는 몇명 안 되었다. 그냥 산에 간다니까, 초등학생이 소풍 나온 느낌이었다.

밤 9시쯤 되어 산 밑에 도착했는데 산에 올라갔더니 거의 한 시간쯤 지났다. 제대로 산을 오르는 분들은 10분도 안 되는 거리를 13명의 '성만 산기도팀'은 거의 한 시간에 걸려 오른 것이다.

동그랗게 모여 앉아 가지고 간 음식을 나눠 먹었다. 사실 커피만 한 잔씩하며 기도 제목을 나누고 기도하려 했는데 성도들이 산기도 간다니까 기가 막히게 음식 준비를 해온 것이다.

계란을 찌고, 고구마도 삶고, 시골에서 올라온 땅콩도 찌고, 빵도 샀다. 산기도가 아니라 산으로 소풍 온 것 같았다. 동그랗게 모여 앉아 서로 음식을 나누며 대화했다. 그러곤 기도 모임을 시작했다. 교회를 위해, 각자 기도 제목을 가지고 흩어져서 기도하다가 찬송 소리가 나면 올라오라고 말했다. 기도시간은 한 20분쯤이라고 했다.

흩어져서 기도하려는데 이렇게 웃으며 같이 시간을 보낼 수 있는 게 정말 행복하다는 생각이 들었다. 헉헉거리며 산을 오르는 성도들이지만, 기도하겠다고 여기까지 따라온 성도들이 고마웠다. 기도 모임이 끝나고 하산하는 길은 더 가관이었다. 여기저기서 미끄러지는 모습이 연출됐기 때문이다.

사실 기도하는 시간보다 오가는 시간이 더 걸리고, 찬양하는 소리보다 우리끼리 대화하고 웃는 소리가 더 컸다. 산기도 시간이 4시간이나 걸린 것이다. 산기도를 자주하는 분들이 보면 "에이! 무슨 산기도를 그렇게 해요?"라고 말할 상황이다. 하지만 우리는 산기도를 한 3일쯤 금식해서 성공한 분들의 마음으로 다녀왔다.

"목사님! 이번엔 처음이라 이렇지만 다음엔 잘할게요. 또 데리고 가주세요."

이렇게 말하는 성도들이 감사하고, 오합지졸의 산기도 모임을 주님은 예쁘게 보실 것 같다는 마음이 들기도 했다.

거룩한 바보들의 꿈

주는 자가
복되다

작년에 몇몇 교회가 모여 서울역에서 플래시모브 크리스마스 캐롤을 불렀다. 그 영상을 찍어 유튜브에 올렸는데 접속수가 120만 건이 넘었다. 친구 목사는 교회에서 제작한 것으론 접속수가 가장 많고, 올해도 계속 올라가고 있다고 했다.

교회와 이웃이 함께 어울릴 수 있는 게 무엇일까 수없이 고민하던 우리가 편하게 생각하고 만들어 본 건데 그게 사람들의 마음엔 큰 울림이 되었나 보다. 나도 그걸 보면서 울컥했는데, 다른 분들도 그런 말을 많이 했다.

지난주 우리는 원종재래시장에서 장사하는 분들과 함께 또 한 번의 플래시모브를 찍었다. 이것을 계획하고 진행한 김성용 간사가 걱정이 되었는지 내게 전화했다.

"목사님! 카메라 감독님이 마음에 안 드시는지 다시 찍고 싶대요. 돈 안 받고 다시 촬영해 주겠다고 하는데 어떻게 할까요?"

"왜 그러니?"

"시장 특성상 화면이 잘 나올 수 있는 환경이 아니었고요. 비행기처럼 날아다니는 카메라까지 준비했는데 천정이 막혀 있어서 그런 장면을 도저히 찍을 수 없었대요. 좀 더 넓은 공간에서 찍으면 예쁜 화면이 나올 텐데 일직선으로 늘어선 시장의 동선으론 예쁜 장면을 담아낼 수 없었나 봐요."

서울역 플래시모브는 교회가 연합해서 뭔가 멋진 걸 보여 주는데 초점을 맞췄다면, 이번 원종재래시장 플래시모브는 교회가 지역 주민들에게 얼마나 큰 기쁨을 줄 수 있는가에 중점을 두었다. 서울역처럼 큰 공간이 아니고, 오밀조밀한 주택 가운데 있는 재래시장, 커다란 쇼핑몰에 손님을 다 빼앗기고 잊혀져가는 시장 한복판에 우리가 나아간 것이다.

카메라 감독은 공중파에서 현역으로 활동하는 분이고, 우리의 스텝도 꿀리지 않는 전문가들이다. 그리고 그 공간에서 예쁜 화면이 도저히 나오지 못한다는 말도 여러 번 했다. 그럼에도 불구하고 우리가 이렇게 나아간 것은 교회가 지역 사회를 섬겨야 함을 알리고 싶었기 때문이다. 주일에 원종시장을 가득 채운 사람들은 거의 성만교회 지체들이었다.

"일요일은 좀체 사람들이 다니지 않는데 이게 뭔 일이래요?"

상인들도, 지나가는 사람들도 다 놀랐다. 호떡을 한입 가득 물고 깔깔거리는 우리 지체들도 행복한 하루를 보냈다.

이제 우리는 크리스마스 문화를 조금 바꾸려고 한다. 우리만의 축제가 아니라, 냄새나는 짐승의 구유에 오신 주님을 기뻐하고 감사하는 크리스마스로 말이다. 우리는 또 한 번 신명나게 주님과 함께 크리스마스를 즐기게 될 것이다.

원종시장에서 양손 가득 장을 보고, 행복한 미소를 지으며 돌아오는 은혜를 허락하신 주님께 감사하다. 이번에도 그 좋으신 주님을 우리 공동체가 기쁘게 해드릴 수 있는 크리스마스가 되기를 기도한다.

예수 믿는 잡놈

"잡놈 목사가 되십시오."

어느 목회자 세미나에 참석했던 강사가 그 모임에 모인 목사들에게 한 말이다. 모두가 목회자이고, 거룩하다고 생각하는 이들에게 '잡놈!'이라는 단어를 쓰는 것 자체가 거칠게 느껴졌다. 강사는 뒤이어 "성도들과 함께 어울릴 수 있는 목회자가 되세요. 멀리 떨어져서 성도들이 가까이 갈 수 없는 목회자가 되지 마세요!"라는 의미로 잡놈 목사라는 말을 썼다고 했다.

사실 이 말이 목회자에게만 해당되는 말이겠는가? 장로, 권사, 집사, 성도들에게는 해당되지 않겠는가?

"함께 어울리고 뒹굴 수 있는 공동체!"

나는 이 말이 참으로 멋있게 다가온다. 이번 성인식은 이 말을 더 강하고 새롭게 느낄 수 있었던 귀한 시간이었다. 우리 교회는 주일학교 아이들은 성인이 되면 성인식을 열어 동해에서 잡아 오는 '게'를 삶아 준다. 아침에 아이들에게 먹이기 위해 게를 사러 나갔더니 그곳에 눈바람이 불어 어부들이 작업을 나가지 못했다. 게 값도 엄청 올라 아이들이 배부르게 먹으려면 거의 백만 원이 넘게 되었다. 그래도 같이 간 분들이 헌신해서 살아 있는 게를 샀고, 40여 명 정도 되는 일행 모두가 배가 터지도록 먹을 수 있었다.

아이들에게 일일이 게 다리를 가위로 잘라 먹을 수 있도록 손질해 주는 집사들을 보면서 감사했다. 사비를 들여 아이들을 먹이는 것을 기쁨으로 감당하는 분들이다. 그 순간 우리들은 하나의 공동체라는 느낌, 한 가족이라는 찡한 느낌이 들었다.

교회라는 게 그저 예배만 드리고, 아이와 어른이 서로 남극과 북극만큼 멀리 떨어져 있는 관계가 아니라 하나님 안에서 함께 뒹굴 수 있는 공동체라는 사실이 증명된 것이다.

설악산 케이블카를 타고 권금성을 오르는데 눈이 많이 내려 미끄러운 길이 있었다. 하지만 나는 정상까지 가야 한다고 우겨서 같이 산을 올랐다. 어른들은 아이들을 내 아이처럼 잘 돌보고, 남자가 여자를 잡아 주고, 같이 부축하며 올라갔다.

설악산 권금성 꼭대기에 올라가서 내려다본 산 아래의 모습은 정말 장관이었다. 산을 내려오면서 우리가 함께할 수 있음이 정말 감사했다.

그 순간만큼은 우리 모두가 '예수 믿는 잡놈!'이 된 것이다. 나는 이런 모습이 성만교회의 색깔이길 기도했다. 모두가 즐겁게 어울릴 수 있는 축제의 모습 말이다. 이런 은총을 주신 주님께 다시 한 번 감사하는 성인식이었다. 그 모습을 보면서 나는 역시 '행복한 잡놈 목사'임을 확인했다.

평생의 소원

매주 목요일에는 전도 모임이 있다. 성도들이 이곳저곳에서 커피를 나눠 주고, 전단지를 돌리고 열심히 교회와 주님을 소개한다. 이번 주엔 성도들 중 유독 내 눈길을 끄는 성도가 있었다. 어린아이를 둘이나 둔 여 집사였다.

"아니! 아이들 괜찮아요?"

"목사님, 아이들 지금 유치원 갔어요."

"추운데 전도하러 나왔어요?"

"네. 그런데요, 너무 기뻐요!"

아직 봄바람이 쌀쌀한데도 열심히 전도지를 돌리던 여 집사는 커피를 나눠 주는 곳에 와서 다시 전도지를 가지고 나가면서 내게 말했다.

내가 주례를 서서 결혼했고, 어느새 사내아이를 둘씩이나 둔 엄마가 되었다. 씩씩하게 전도지를 들고 길거리를 다니는 여 집사를 보면서 나도 도전을 받았다. 올해 20명이 전도 목표라고 다른 권사가 내게 귀띔을 해주었다.

햇볕은 있었지만, 바람이 불고 아직 쌀쌀한 날씨인데도 그 집사는 뭐가 그렇게 기쁜지 연신 사람들을 만나 전도지를 돌리며 주님을 소개하고 있었다.

매주 교회 3층 화장실을 청소하는 성도가 있다. 너무 기뻐하면서 청소를 하니까 우리 여전도사가 그 성도에게 정말 기쁘냐고 물어봤다. 그러자 성도는 너무너무 기쁘고 감격스럽다고 말했다.

주일 아침이면 성가대원으로 봉사하기 위해 멀리서 와 식당 청소부터 하는 이들도 있다. 성가대 연습 전에 매주 식당청소를 한 게 변함없이 이어지고 있었던 것이다. 주일 아침이면 늦잠을 자고 싶을 텐데 일찍부터 나와서 주보를 돌리고 차량 봉사와 안내로 수고하는 성도들, 조금이라도 일이 있으면 밤늦게

거룩한 바보들의 꿈

까지 교회를 돌보는 집사들이 목회자를 부끄럽게 만들었다.

돌아보면 참 고맙고 감사한 성도들이다. 누구하나 알아주지 않아도 늘 묵묵히 그 자리를 지킨다. 매주 토요일이면 밤늦게 모여 주일을 위해 기도하는 중보 기도팀, 교회가 조금 어렵다 싶으면 물질로 헌신하는 성도들, 매일 새벽바람을 맞으며 하루도 빠짐없이 기도의 자리를 지키는 성도들, 아무리 생각해 봐도 이곳저곳에서 나름대로 사역을 감당하는 성도들 때문에 오늘의 성만교회가 있는 것 같다.

주님을 향해 간절한 기도가 흘러나왔다.

"주님! 우리 성도들에게 부끄럽지 않은 목회자가 되고 싶습니다. 종을 긍휼히 여겨 주시고, 힘을 주셔서 주님께서 맡기신 사명을 잘 감당하도록 도와주옵소서. 이는 내 평생의 소원입니다."

도움이 되는
사람

얼마 전 우리 교회 청년이 아프리카 단
기 의료 선교사로 나가게 되어 인사를 왔다. 녀석은 고등학교
시절, 내게 아프리카를 위해 공부하고 싶다고 말하곤 했다. 한
양대 공대에 들어가더니 반수를 하고 다시 연세대 의대와 성균
관대 의대를 동시에 합격했다. 자기는 연세대 의대를 가고 싶
은데 등록금에 부담을 느낀 부모님은 성균관대 의대를 가라고
말했다. 나는 녀석에게 물었다.

"너의 목표가 뭐냐?"

"의료 선교사요!"

"그럼 의사면 됐지, 그 나라 사람들이 학교가 어디인지 묻겠냐?"

해서 청년은 성균관대에 장학생으로 들어갔고 지금은 삼성 서울병원에 의사로 근무하고 있다.

그 녀석이 처음으로 아프리카에 의료 봉사를 나가게 되었다고 내게 기도해 달라고 했다. 마냥 꼬마로만 생각했는데, 이제 어엿한 의사 선생님이 되어서 아프리카 아이들을 마음에 품고 첫 봉사를 떠난다는 것이다. 참 대견했다.

지난주에는 우리 교회 청년이 개업한 피아노학원에 개업 예배를 다녀왔다. 그 청년의 아버지는 서울에 있는 교회 장로인데, 녀석은 미국 유학을 다녀온 뒤 우리 교회에 나오기 시작했다. 지금은 중·고등부 교사로 봉사하고 있는데 내 마음 한편에는 이 아이가 어느 날 "아버지가 장로로 있는 곳에 가서 봉사해야겠어요" 하면 가족을 위해서라도 보내야지 생각하고 있었다. 우리 교회로 온 뒤 변함없이 반주와 교사로 봉사하며 성만 패밀리로 자리잡고 있는 모습이 마음에 특별하게 와 닿았다. 개업 예배 때 어머니인 권사가 내게 말했다.

"목사님! 우리 애가 카드를 너무 긁어서 제가 지난번엔 중단시켰어요."

그 청년이 중고등부 교사를 하면서 아이들에게 먹을 걸 많이 사준 모양이다. 물론 개업을 위해 카드를 사용하기도 했지만, 자신을 위해 사용하기보단 아이들을 위해 더 많이 사용한 것이다. 녀석이 "목사님! 아이들이 너무 많아요." 하면서도 싫어하지 않는 모습이 참 예뻐 보였다. 그때 청년의 어머니가 말했다.

"목사님! 우리 애가 글쎄요. 우리 장로님이 이제 모교회로 돌아와야지 했더니, 이찬용 목사님의 목회에 힘이 되는 사람이 되고 싶다고 하더라고요. 그때부터 우리가 마음을 접었어요!"

한 주간 그 한마디가 나를 참 감사하고 행복하게 만들었다. 늘 어린애로만 보았던 아이가 자라 의사 선생님이 되어 아프리카로 봉사를 떠났다. 어린아이로만 보았는데 이 녀석 마음엔 어느새 내 목회에 도움이 되는 사람이 되기를 소원하는 마음이 생겼다. 사실 난 그 녀석들의 마음을 전혀 모르고 있었다. 마냥 어린애로만 보았던 것이다.

이 아이들을 지금까지 신실하게 인도해 주시고 든든한 일꾼들로 성장시켜 가시는 하나님의 은혜가 참 감사하다. 이 청년들이 이제 성만교회의 다음 세대가 될 것을 생각하니 마음이 든든하다.

사랑의 전도
릴레이

친구 목사와 점심 식사를 하고 있었다. 그런데 그때 내게 휴대 전화 메시지가 왔다. 그래서 주고받은 내용을 친구 목사에게 보여 주었더니 자신의 페이스북에 바로 글을 올렸다.

💬 이런 집사님이 있다니. 성만교회 김은주 집사는 중등부 교사다. 작년에 2명을 맡아 40명으로 부흥을 이루었고, 올해 3명을 맡아 성곡중학교 축구부 20명을 모두 전도하였다. 영혼을 구하는 일이 가장 행복한 김 집사는 전업 주부이면서도 아이들의

간식을 사주려고 일주일에 이틀 약국 아르바이트를 한다. 이번 주 김은주 집사는 교회에서 이런 전도 이야기를 간증했고, 다음날 문자 하나를 받았다. 담임 목사인 이찬용 목사에게도 그 문자를 보내서 나도 살짝 엿보았더니 이렇게 써 있었다.

💬 목사님! 편히 쉬시는 월요일에 죄송해요. 제가 문자를 하나 받았는데 어떻게 해야 할지 몰라서 연락드려요.

💬 김은주 집사님! 안녕하세요. 전 박명자 집사예요. 베스킨라빈스라고 아이스크림 가게를 해요. 집사님 간증을 보고 은혜를 받았습니다. 제가 집사님께 힘이 되어 드리고 싶습니다. 매달 20만 원씩 후원해도 괜찮을까요?

💬 목사님! 어떡해야 하나요? 제가 주중 2일 약국에서 아르바이트해서 애들 간식비는 기쁨으로 감당하고 있는데 받아도 되는 거예요?

이 목사는 답장을 보냈다.

💬 주님이 주시는 거예요. 감사함으로 받으세요.

💬 그러면 편한 맘으로 받아야겠네요. 주님 주신 맘으로 더 열심히 하도록 하겠습니다. 전 그분 사업장을 위해서 기도로 섬기면 되겠죠. 감사의 전화를 드릴게요. 목사님! 언제나 제 편이 되어 주셔서 고맙습니다.

💬 전도하는 집사! 그리고 그 전도를 돕는 집사의 이야기에 이 목사는 신나서 자랑하고 나는 부러워서 이 글을 올립니다. 우리 모두의 이야기가 되기를 바라면서…….

친구 목사는 이 이야기를 자신의 페이스북과 교회 카페에, 그리고 우리 목회자들이 단체로 하는 카톡 메시지에도 올렸다. 덕분에 나는 진짜 목회 잘하는 목사가 되어 버렸다. 좌우간 사람 잘 만나는 복은 내가 타고 났다.

"주님께 감사하고 성도들을 사랑합니다!"

보고 싶은
악동들

"꼼짝 말고 가만히 있으셔야 합니다!"

몇 년 전 미국 집회 갔을 때 메릴랜드 주에서 워싱턴으로 가던 중, 운전하던 목사가 미국 경찰 이동식 과속 카메라에 붙잡혔다. 금방 경찰차가 따라오더니 갓길로 차를 대라고 했다. 차를 정차시키면서 그 목사가 내게 한 말이다. 총기 소지가 자유로운 미국은 경찰 검문에 걸렸을 때 조금이라도 움직이면 오인해서 경찰이 총을 쏠 수 있기 때문에 팔을 핸들 위에 올려 놓고 가만히 있어야만 한다는 것이다.

주일학교 아이들이 학교 방학을 하면 우리 교회는 독서마라톤을 연다. 아침 10시부터 오후 5시까지 아이들이 교회에서 책을 읽는 것이다.

점심 식사 후 에너지 넘치는 아이들이 술래잡기하듯 나를 잡으려고 쫓아다녔다. 나는 영문도 모르고 정신없이 도망갔다. 사실 담임 목사인 내가 왜 도망갔는지도 잘 모르겠다. 그냥 나를 잡으려고 한 아이가 뛰어왔는데, 내가 도망가니까 아이들이 우르르 몰려오면서 "목사님 잡아라!" 하게 된 것이다. 아이들이 얼마나 빠른지! 나도 꽤 빠른 발을 갖고 있다고 생각했는데, 이젠 발이 마음만큼 따라 주지 않는 중년이 되었다.

다행히도 숨어서 붙잡히지 않고 있다가, 점심시간이 끝나서 나도 유치부실로 책을 읽으려고 내려가는데 그만 엘리베이터 앞에서 기다리고 있던 녀석들에게 붙잡히고 말았다.

꼼짝 않고 가만히 있는 게 좋을 뻔했다. 초등학교도 안 들어간 녀석부터 3학년까지, 그것도 대부분 여자 아이들에게 맞아 보았는가? 아이들이 목사님 안마한다고 때리는데 그게 폭행 수준이었다.

한꺼번에 안마해 준다고 등을 때리고, 몇 명은 등에 올라타니까 숨도 못 쉴 것 같았다. 한참을 때리다가 녀석 중 한 명이 내게 물었다.

"저희가 목사님을 왜 잡으려고 했는지 아세요? 육포 사달라
고요!"

아름다운 가게에 육포가 있는데, 그게 먹고 싶었던 것이다.
나를 때리지 않고 말로 해도 육포는 사줄 수 있는데 말이다. 그
렇게 한참을 시달리고 나니 정신이 없어 책도 못 읽고 사무실
로 도망왔다.

맨 처음 나를 잡으려고 쫓아왔을 때 꼼짝 않고 가만히 잡혀
주는 게 좋을 뻔했다. 이 아이들은 나를 목사로 보는 게 아닌 듯
싶었다.

아마 자기들보다 한 살 정도 어린 동생으로 보는 것 같았다.
아직도 독서 마라톤 기간은 많이 남았는데, 주님의 은혜로 나
는 다음 주에 집회를 가게 되었다. 좋으신 주님께서 그 악동들
을 피할 수 있는 길을 열어 주셨다. 하하. 그런데 왠지 그렇게
나가서도 이 악동들이 보고 싶을 것 같다.